高校英语
教学路径探究

张晓晶◎著

燕山大学出版社
·秦皇岛·

图书在版编目（CIP）数据

高校英语教学路径探究 / 张晓晶著．—秦皇岛：燕山大学出版社，2022.12
ISBN 978-7-5761-0405-9

Ⅰ．①高… Ⅱ．①张… Ⅲ．①英语—教学研究—高等学校 Ⅳ．① H319.3

中国版本图书馆 CIP 数据核字（2022）第 196807 号

高校英语教学路径探究

张晓晶　著

出 版 人：陈　玉
责任编辑：王　宁
策划编辑：王　宁
责任印制：吴　波
封面设计：刘韦希
出版发行：燕山大学出版社 YANSHAN UNIVERSITY PRESS
电　　话：0335-8387555
地　　址：河北省秦皇岛市河北大街西段 438 号
邮政编码：066004
印　　刷：英格拉姆印刷(固安)有限公司
经　　销：全国新华书店

开　　本：170mm × 240mm　1/16
印　　张：12.75
版　　次：2022 年 12 月第 1 版
印　　次：2022 年 12 月第 1 次印刷
书　　号：ISBN 978-7-5761-0405-9
字　　数：200 千字
定　　价：50.00 元

前　言

新时期，在跨文化教育的视域下进行高校英语教学路径的探究，旨在贯彻英语素质教育的基本方针，使英语教学和英语学习实现其本质的回归。现代英语教学应趋向于将语言交际与文化交流相结合，将语言知识传授、语言运用能力与跨文化交际能力培养融为一体，不仅符合英语教学的基本规律，而且符合培养复合型、国际型英语人才的基本需求。

英语是国际交流的通用语言，英语交际者应当具备对异国文化的深刻理解能力，并具有较强的跨文化交际能力。我国高校英语教学长期受到传统教学法和定式教学的影响，英语教师应深刻反思，全面探究英语教学之路。

本书首先对高校英语教学进行概述，解释了高校英语教学的基本关系、基本原则、目标、模式、方法、手段，使读者对高校英语教学研究有较为立体的认识。其次，在此基础上提出高校英语教学的创新点，即教学路径的重塑，包括多媒体教学、网络教学、分级教学等。而这些创新点恰恰需要特定的思维去加以指导落实，由此便催生出了三大思维：多元文化思维、跨文化交流思维、批判性思维。学生进行英语学习时，外国文化背景知识的学习及多元化文化思维将有助于其提升英语能力、激发兴趣、培养跨文化意识、增强文化感悟力。而跨文化交流思维的理论建构和实现，其效果将直接反映在学生身上，学生英语交际能力水平将得到大幅提升。随着国际英语交流活动的日益频繁，要求学生具备批判性思维，通过两大批判思维模型，增强其应对未来的定力。除了理论研究之外，本书还回答了语言教学将如何贯彻落实的问题，答案是通过阅读、听力、写作、口语、翻译五大途径，将提炼出来的“营养”全部灌注到每一个学生。最后，对高校英语教学进行展望，制定了个性化、线下线上结合、“互联网 +”三大教学目标。

本书从理论到实践，响应素质教育的号召，既对已有的英语教学知识进行了整理，又对其进行了延伸探讨，兼具理论指导性与实践可行性，对于相关领域的教研人员具有一定的参考与学习价值。

CONTENTS 目录

第一章　高校英语教学概述

第一节　高校英语教学的基本关系

一、英语与汉语之间的关系

汉语是中国人的母语，少年儿童在开始学习英语时已经能够较好地使用汉语进行交际。也就是说，他们已经掌握了一定量的汉语词汇和基本语法，具备了使用汉语进行听说和读写的能力，而英语则是被他们当作一门英语来学习的目标语。在谈到母语和目标语之间的关系时，人们经常谈到“迁移”的问题。迁移本来是一个心理学术语，指学习过程中学习者已有的知识或技能会对新知识或技能的获得产生影响。20 世纪 50 年代，语言教学研究吸纳了迁移理论，认为母语迁移会影响英语学习。迁移是英语学习者经常采用的一种学习策略，它指学习者利用已知的语言知识去理解新的语言，这种现象在英语学习的初级阶段出现得最为频繁，因为学习者对英语的语法规则还不熟悉，此时只有汉语可以依赖，汉语的内容就很容易迁移到英语之中。如果母语对目标语的学习起到了积极的影响，这种现象称为正迁移。反之，如果母语对于目标语的学习起到了消极的影响，则称为负迁移。在迁移现象的研究中，有三种主要的理论，包括对比分析假说、标记理论、认知理论。对比分析学派认为母语和目标语的差异会导致负迁移的发生。有学者指出，两种语言（母语和目标语）相似会引起正迁移，两种语言相异会引起负迁移。还有学者指出，学生在接触一门英语时会发现该语言的有些特征相当容易掌握，而掌握另外一些特征则极其困难。其中，与其母语相似的成分简单，而相异的成分困难。除了母语和目标语的异同之外，在考察语言的迁移问题时，还要考虑母语在什么阶段、什么条件下影响目标语的学习。这里要提及两个重要的非语言因素，其对母语知识何时会干扰第二语言习得的过程起着决定性作用：一是环境；二是学习阶段。从学习阶段来看，在初学阶段，学习者由于缺乏足够的目标语知识，在表达时往往更多地依赖母语，因此这一阶段有可能较多地出现母语知识的负迁移。中国学生在学习英语的过程中，语言迁移表现在语音、词汇和语法等各个层次上。[①]

（一）语音迁移

语音迁移是语言迁移中最为明显也最为持久的现象。人们普遍认为第一语言对第二语言的习得具有很大的影响，最为明显的证据就是第二语言学习者的英语口音。英语和汉语分属不同的语系，两者在语音方面存在很大的差异。第一，汉语是一种声调语言，用四声辨别不同的意义。而在英语中，语调起着非常重要的作用，这一点很容易令讲北方方言的学生造成特殊的语音语调困难。第二，英语和汉语的音素体系差别较大，两种语言中几乎没有发音完全一样的音素。

（二）词汇迁移

初学英语的人很容易认为英语和汉语的词汇存在着一一对应的关系，每个汉语词汇都可以在英语中找到相应的单词。其实，一个单词在另一种语言中的对应词可以有几种不同的意义，因为它们的语义场景不吻合，呈现重叠、交叉和空缺等特点。例如，汉语中的“重”在英语里有“heavy”与之对应，但是“heavy”的意义与“重”并不是完全吻合的。在英语中，我们可以发现许多表达方法，并不是汉语中的一个“重”字所能解决的。初学英语的人往往会把汉语的搭配习惯错误地移植到英语之中，于是就出现了许多不合乎英语表达习惯的句子。英汉两种语言文化的差异也会导致两种语言词汇意义的差异。除少量的科技术语、专有名词在两种语言中意义相当之外，其他词汇的含义在两种语言中都或多或少存在着差异，这些差异都有可能导致负迁移现象的发生。

（三）句法迁移

句法就是组词造句的规则，也就是所谓的语法。英汉两种语言在句法方面有一些相同之处，同时也存在着很大的差异。汉语是一种分析性语言，没有严格意义上的形态变化，主要通过词序和虚词的使用来表达各种句法关系。英语则是一种逻辑较为严密的语言，依托固定的语法结构，有时态、主宾、特殊形式等之

① 汤闻励，温家仪，徐玲．汉语对英语词汇学习迁移的影响因素分析 [J]. 广东技术师范大学学报，2021，42（5）：106-112.

分，语言表达遵循诸多规则。英语和汉语的这种差异很容易给中国的英语学习者造成困惑，尤其是对于初学者来说，他们很容易受到汉语的影响，在使用英语时忘记词汇形态的变化。例如，名词的单复数、代词的主格与宾格形式、动词的时态变化等。英语重形合，句子中的词语和分句之间常通过语言形式手段（如关联词）来表达意义和逻辑关系。汉语则重意合，其意义和逻辑关系往往通过词语和分句的意义进行表达。受此影响，中国学生在使用英语时常按照汉语的习惯，只是简单地把一连串的单句罗列在一起，不用或者很少使用连词。另外，英语和汉语在静态和动态方面也呈现出一定的差异。英语多倾向于用名词，因而叙述呈静态；而汉语多用动词，其叙述呈动态。例如，“He is a good eater and a good sleeper.”这个句子中只用了“eater”和“sleeper”两个名词，而相对应的汉语应该是“他能吃能睡”。如果要求学生把这个汉语句子译成英语，他们首先想到的是“He eats and sleeps well.”。英语名词化的特点使许多中国学生感到不适应，在写作中这一点表现得尤为突出。

迁移并非总是坏事。有时候，由于英汉两种语言之间存在着很多相似或者吻合的地方，中国学生在学习英语时可以利用已有的汉语知识，促进英语的学习。例如，汉语中的形容词都位于它所修饰的名词之前，而英语也同样如此。当学生学习了“beautiful”和“flower”两个词之后，就会很自然地说出“a beautiful flower”。英语和汉语句子结构的相似性也使得正迁移成为可能。学者指出英语和汉语中有五种基本句型是相同的：① S+V+Predicative；② S+V+adverbial；③ S+V+O；④ S+V+indirect O+direct O；⑤ S+V+O+C。

这些虽然都是简单句，但是几乎所有的复杂句都是建立在简单句的基础之上的，这就使得中国学生在学习英语时可以利用汉语知识，实现正迁移。

与汉语和英语的关系这一问题相关的还有语言的社会功能问题。一个民族的母语是其民族的特征之一，母语教学对于培养学生的爱国主义情感具有重要的意义。如果因为学习英语而忽视了对母语的学习，会导致严重的后果。

在处理汉语和英语的关系方面应该注意以下两个问题。

第一，在全社会重视英语教学的同时，绝不要忽视对汉语的学习。英语作为国际交往中最为重要的交流与沟通的工具，其重要性已经为越来越多的人认识。目前，中国人学英语的热情空前高涨，从咿呀学语的幼儿到白发苍苍的老人，学习英语者不计其数。从幼儿园一直到大学，英语教育都是教育主管部门和学校领导关注的重点问题之一。与此同时，全国公共英语等级考试，全国大学英语四、六级考试等各个层次的英语考试也引发英语学习的热潮。另外，为了满足人们英语学习的需求，各种各样的教学方法，丰富多彩的学习用书、音像制品和软件也层出不穷。这对于创造良好的英语学习环境、培养具有国际竞争能力的高素质人才、提高我国在国际竞争中的实力，无疑是一件好事情。但是，这样的环境很容易给人们，尤其是学生（包括许多家长在内）造成一种错觉，认为英语比汉语重要，从而忽视对汉语的学习。不重视英语是错误的，而因为重视英语而忽视了对自己母语的学习也同样是不正确的。

第二，克服负向迁移，促进正向迁移。在对待汉语和英语之间的关系方面，有两种截然相反但都不可取的态度。一种是依靠汉语来教授英语，这显然是不可取的。英语教学的目的，最开始是培养学生使用英语进行交际的能力，这种能力获得的前提条件是学生必须大量地接触英语和使用英语。而英语教学的课时有限，要想在有限的课时内最大限度地使学生接触和使用英语，就必须尽可能地使用英语进行课堂教学。对于中国的英语学习者来说，汉语是他们的母语，学生在学习英语时会自觉或不自觉地与汉语进行比较，如果在教学过程中过多地采用汉语，学生就很难摆脱对汉语的依赖，养成一种以汉语作“中介”的不良习惯，在听、说、读、写等语言活动中会不断地把听到的、读到的以及要表达的英语先转换成汉语，这样就很难熟练地使用英语，也不可能写出或讲出地道的英语。另外一种是完全摆脱汉语，全部用英语教学，这不仅难以做到，而且也是不可取的。英语课堂上使用汉语要注意以下几点：①汉语作为教学手段，使用方便，易于理解，但是使用汉语不能过多。在解释某些意义抽象的单词或复杂的句子时，如果没有已经学过的词汇可以利用，可以使用汉语进行解释，另外也可以对发音要领、语法等难以用英语解释的内容使用汉语进行简要的说明。②利用英语和汉语之间的比较，可以提高教学的预见性和针对性。某些内容为英语所特有，学生学起来就比较困难，教师应该有针对性地将其作为教学的重点，适当增加练习量。对于两种语言中相似但是又不相同的内容，学生很容易受到汉语的干扰，教师在教学过程中要多加注意。

二、外国文化与中国文化之间的关系

语言与文化密不可分，语言具有丰富的文化内涵。英语学习中有许多跨文化交际的因素，这些因素在很大程度上影响对英语的学习和使用。因此，有关规定把“文化意识”作为综合运用能力的一个组成部分，具体规定了各个学习阶段对文化意识的具体要求。

初级阶段的学生应该具备的能力：①知道英语中最简单的称谓语、问候语、告别语，等等；②对一般的赞扬、请求等作出适当的反应；③知道国际上最重要的文娱和体育活动；④知道英语国家中最常见的饮料和食品的名称；⑤知道主要英语国家的首都和国旗；⑥了解世界上主要国家的重要标志物；⑦了解英语国家重要的节假日。

中级阶段的学生应该具备的能力：①了解英语交际中常用的体态语，如手势、表情等；②恰当使用英语中不同的称谓语、问候语和告别语；③了解、区分英语中不同性别常用的名字和亲昵的称呼；④了解英语国家中家庭成员之间的称呼习俗；⑤了解英语国家正式和非正式场合服饰和穿戴习俗；⑥了解英语国家的饮食习俗；⑦对别人的赞扬、请求等作出恰当的反应；⑧用恰当的方式表达赞扬、请求等；⑨初步了解英语国家的地理位置、气候特点、文化历史等；⑩了解常见动植物在英语国家中的文化含义；⑪了解自然现象在英语中可能具有的文化含义；⑫了解英语国家中传统的文娱和体育活动；⑬了解英语国家中重要的节假日及主要的庆祝方式；⑭加深对中国文化的理解。

相关课程标准对于高级阶段的学生在文化意识方面的要求：①理解英语中常见的成语和俗语及其文化内涵；②理解英语交际中常用的典故或传说；③了解英语国家主要的文学家、艺术家、科学家的经历、成就和贡献；④初步了解主要英语国家的社会、经济等方面的情况；⑤了解英语国家中主要大众传播媒体的情况；⑥了解主要英语国家与中国的生活方式的异同；⑦了解英语国家的人们在行为举止、待人接物等方面与中国人的异同；⑧了解英语国家的主要传统；⑨通过学习英语了解世界文化，培养世界意识。

文化是指所学语言国家的历史地理、风土人情、传统习俗、生活方式、文学艺术、行为规范、价值观念等，它不仅包括城市、组织、学校等物质的东西，而且包括思想、习惯、家庭模式、语言等非物质的东西。语言与文化具有密切的关系，主要表现在三个方面：①语言是文化的重要组成部分。从文化的内涵来看，文化包括一个民族在长期的历史进程中创造的物质财富和精神财富两个方面，而语言正是精神财富的一个组成部分。②语言是文化的载体，因此它也是反映文化的一面镜子。语言反映一个民族的文化，解释该民族文化的内容。③语言与文化相互影响、相互作用。因此，理解语言必须了解文化，理解文化必须了解语言。

语言具有丰富的文化内涵，不具备文化内涵的语言基本上是不存在的。在一种语言中，从单词到语篇都可以体现文化内涵。在单词的层面上，英汉两种语言具有很大的差异。有些词只存在于英语中，在汉语中则没有相对应的词。另外，在英汉两种语言中，某些词语看起来似乎指代同一事物或概念，其实不然。例如，“service station”不等于“服务站”，而“rest”也不等于“休息室”。某些事物或概念在一种语言中只有一两种表达方式，而在另一种语言中则有多种表达方式。例如，汉语有一个复杂的词汇系统表示各种亲戚关系，有姑妈、姨妈、舅父、外祖父、外祖母等各种词汇，而在英语中相关的表达方式要简单得多。对于某些词汇来说，英汉的基本意义大体相同，但是派生意义的区别可能很大。例如，“peasant”与汉语中“农民”意义接近，但是在英语中，“peasant”往往带有贬义，英文词典指出该词“一般指未受过教育的、社会地位低下的人”，而其他类型英文词典则指出，该词的意思为“乡下人、庄稼人、乡巴佬”或“教养不好的人、粗鲁的人”。

在短语、成语、谚语的层面上，英汉两种语言也体现出很大的文化差异。尤其是成语的问题更为复杂。有词典主编举例写道：“把‘布衣蔬食’直接译为‘cotton clothes and eat vegetable food’，在今天就会引起误解。”“布衣蔬食”在中国代表生活简朴，但在英美国家并非如此。谚语是民间流传的至理名言，往往能反映一个民族的地理、历史、社会制度、社会观点和态度，例如“要知朝中事，乡间问老农”等谚语都带有明显的中国文化内涵，而“An apple a day keeps the doctor away.”和“You can’t teach an old dog new tricks.”则具有明显的英语文化内涵。

英汉两种语言的文化差异还反映在日常谈话之中。在中国两个熟人相见，经常用“上哪儿去啊？”打招呼，直译成英语就是“Where are you going？”。用这句英语来打招呼，大部分英语国家的人听了都会不高兴，他们的反应很可能是“It’s none of your business！”，这句话译为“不关你的事”；人们在分手时通常说“Good-bye！”“Bye-bye！”之类的话，而按照中国的习惯，在说“再见”之前，往往还有一番客套语，例如“走好”“慢走”，等等，这些说法不能直接翻译成英语，否则听起来会让人感到很别扭。在英语国家，人们常常用名字直接称呼别人，例如 Tom、Michael、Linda 等，即使年龄悬殊的人之间也可以这样称呼，但是在中国就不能这样做，汉语中的称谓要比英语复杂得多。听到别人的赞扬，美国人和中国人的回答也太不相同，美国人一般表示接受赞扬，而中国人则一般表示受之有愧。

英汉两种语言文化的差异也会导致文化迁移现象的产生。文化迁移是指由于文化差异而引起的文化干扰，它表现为在跨文化交际中或英语学习时人们下意识地用自己的文化准则和价值观来指导自己的言语和思想，并以此为标准来判断他人的言行和思想。文化的内涵分为三个层次：第一个层次是物质文化，它是经过人的主观意志加工改造过的；第二个层次是制度文化，主要包括经济制度、法律、文艺作品、人际关系、习惯行为等；第三个层次是心理层次，或称观念文化，包括人的价值观念、思维方式、审美情趣、道德情操、宗教感情和民族心理等。根据这一分类，有学者把文化迁移分为表层文化迁移和深层文化迁移两种。第一和第二层次的文化迁移大体属于表层文化迁移，因为这些文化要素是容易观察到的，人们稍加注意就可以发觉不同文化在这些方面的差异。深层文化迁移是指第三层次中的文化要素的迁移，由于它属于心理层次，涉及人们的观念和思想，所以在跨文化交际中不容易被注意到。与前面所说的语言迁移相比，文化迁移更容易给学生造成交际障碍，因为本族文化根深蒂固，人一生下来就受到本族文化的熏陶，其言行无一不受到本族文化的影响与制约。

与语言迁移类似，文化迁移也有正负迁移之分。有学者指出，以往关于英语学习中的迁移理论对母语以及母语文化的干扰的问题，对负干扰研究得较多、较透彻，同时，对负迁移的作用也有夸大之嫌。因此，英语文化教学中也不能忽视对母语文化的教学。首先，教授和发现影响信息传递的各种文化因素（包括语言的和非语言的），必须以英语学习者的母语文化为标准，即以汉语文化为比较对象，只有通过两种文化差异的比较才能找到影响交际的各种因素。通过比较，我们可以发现和确定哪些目标语文化知识是教学的重点、难点，从而在教学中做到有的放矢，避免眉毛胡子一把抓，提高教学效率。其次，英语教学不仅仅介绍和引进国外文化、知识、技术、科学等，同时也担负着中国文化输出的任务。在进行西方文化知识教学的过程中，如果忽视中国文化的教学，甚至还有可能造成自轻的心理，以致不能以平等的心态与对方进行交际，造成跨文化交际的心理障碍，从而影响对跨文化交际能力的培养。最后，充分掌握汉语与汉语文化也是英语学习和英语交际能力不可分割的重要组成部分。我国英语界和翻译界的老前辈们的治学经历就很好地说明了这一点，其成绩的取得在很大程度上得益于他们深厚的汉语文化根底。许多著名的翻译家，如钱钟书、巴金、鲁迅、叶君健、杨宪益、萧乾等，他们本身就是中国文学作家，他们的译作水平也达到了很高的境界，这在很大程度上也是因为他们本身就是中国文化专家。

基于上述论述，我们在处理外国文化与中国文化之间的关系方面，要注意以下几个问题。

第一，传授文化知识。从培养学生的英语交际能力角度来看，英语教学不能是单纯的语言教学，还应开阔高校学生的视野，使其了解英语国家的文化和社会风俗习惯。因此，在英语教学中需要渗透有关文化知识的教育。从素质教育的角度来看，我们需要培养适应国际竞争要求的、具有现代意识的人才，他们应该面向世界，思想开放，善于吸收其他民族的优秀文化，以提高本民族的文化素质。在这一方面，英语教学肩负着不可推卸的责任。但是，文化知识的教育必须适度，应该渗透在英语教学之中，应该与英语教学相结合，不能为了传授文化而传授文化。在英语教学中，文化知识的传授主要是通过在英语教学中导入文化的内容，主要方法包括注释、比较、融入和体验四种。注释是指在教材中对具有文化内涵的内容进行注释和讲解，这种方法的优点在于它具有很强的针对性，缺点在于它比较零散，缺乏系统性。比较是指在教学中对中国文化和外国文化进行比较，从而发现两种文化的异同。它可以有效地加深学生对于两种文化的理解，有效地培养学生的文化意识。融入是指直接把外国文化或中国文化的内容作为英语教学的材料，例如，直接选用一篇介绍英国风土人情的文章或者介绍中国茶文化的文章进行教学，这样可以把语言学习与文化学习有效地结合起来。体验是指通过具体的活动进行语言实践的学习和外国文化的了解，例如观看英文原版的电影、卡通片，阅读英语文学作品等。

第二，在传授外国文化知识的同时，不要忽视对于本国文化知识的传授。目前，我国的英语教学实践中存在着对汉语文化知识的教学不够重视的问题。绝大多数的英语学习者在通过了四级、六级甚至英语专业考试之后，都不知道《红楼梦》《水浒传》《三国演义》《聊斋志异》等中国古典文学名著该怎样翻译。许多有相当高英文水平的中国青年学者在与西方人交往的过程中，并没有表现出一个来自世界文明古国的学者所应具有的深厚文化素养和独立文化人格。很多中国学者不知道西方人也十分崇敬的孔夫子的英文译名是“Confucius”，还有人闹出把“Mencius”（孟子）奉为异国圣者而译为“门修斯”的笑话。

第三，培养学生的跨文化意识。跨文化意识是指学生对于外国文化和中国文化异同的敏感程度，以及在语言交际的过程中根据外国文化调整自己语言行为的自觉性。传授文化知识的目的在于培养学生的跨文化意识，使他们能够自觉地按照英语的文化习惯使用英语进行交际。在培养学生跨文化意识的同时，还要注意培养学生的文化平等意识。一方面不要夜郎自大，不注意吸收西方先进的文化；另一方面也不要产生自卑心理，盲目接受外来事物。

第四，培养学生的文化鉴赏能力。学生的价值观与道德观都处在形成期，他们思想活跃，易于接受新鲜事物，但是又缺乏一定的鉴别能力。在学习异国文化的过程中，如果不加以引导，他们很容易会不加鉴别地接受西方文化中的行为规范、价值观和道德观，从而可能忽视本民族的文化传统。

三、语言知识与语言技能之间的关系

语言知识包括语音、词汇、语法三个方面的内容。语言知识是英语综合运用能力的有机组成部分，是发展语言技能的重要基础。使学生掌握一定的英语基础知识也是英语教学的基本目标之一。语言是交际的工具，语言首先是有声的，通过人的发音器官发出声音，才能达到交际的目的。在英语中，语音和语法、构词法、拼写都有关系。掌握语音，不但有利于听说技能的培养，而且也有助于语法和词汇的学习。

词汇包括英语中的单词和习惯用语。“词”这一概念是我们非常熟悉的，但是对词下一个准确的定义却不容易。语言学家对词下定义时说法不一，措辞不同。概括来说，词是语音、语意和语法特点三者的统一体，是语句的基本结构单位。每个词都有一定的语音形式，在口语中，主要通过语音区别于其他词。每个词都有一定的意义，这些意义根据其层次又可以分为字面意义和隐含意义两种。字面意义就是词的本义，隐含意义则是指词的本义以外的意义，即附加意义。例如，一个词对不同的人来说有许多其他的特性，如“gentle”“weak”等。一个词的含义，有些可能是文化背景、社会背景、性别或年龄相似的人所共识的；另外一些含义则因个人经历的不同而不同。每个词也都有一定的语法特点，在句子中发挥一定的功能，词的功能的改变，有可能会引起词义的变化，例如，“He tore down the hill.” “Three enemy planes downed.”。

第一句中的“down”是介词，其词义表示方位，“沿着……往下”，而第二句中的“down”是动词，表示“打下”的意思。

英语中的习惯用法又称习语，具有语义的统一性和结构的固定性两个特点。习惯用法是固定的词组，在语义上是一个不可分割的统一体，其整体意义往往不能从组成该用语的各个单词的意义中推测出来。词汇是构筑语言的材料，尽管拥有大的词汇量并不意味着一定会具有高的语言能力，但是要想具备较扎实的语言技能，就必须要掌握足够量的词汇。

语法是关于一种语言结构的描述，说明其中词和短语等如何结合起来形成句子。语言是词的一种线性排列，这种排列不是任意的，而是遵循一定的规则，这种规则是为本语言使用者共同接受的。不同的语言有不同的语法，汉语与英语的语法就有很大的差异，英语学习者要想使用英语进行交际也必须遵守英语的语法规则。

语言技能指运用语言的能力，包括听、说、读、写四个方面，其中说和写被称为产出性技能，而读和听被称为接受性技能。听是分辨和理解话语的能力，即听并理解口语语言的含义；说是应用口语表达思想、输出信息的能力；读是辨认和理解书面语言，即辨认文字符号并将文字符号转换为有意义的信息的能力；写是运用书面语表达思想、输出信息的能力。听、说、读、写是学习和运用语言必备的四项基本语言技能，是学生进行交际的重要形式，是他们形成综合语言运用能力、获取信息和处理信息的重要基础和手段。

语言知识和语言技能都是语言能力的组成部分，都是语言学习的目标。两者之间相互影响，相互促进。语言知识是发展语言技能的基础，不具备一定的语音知识，不掌握足够的词汇，不了解英语的语法，就不可能习得任何的语言技能；而语言知识的学习往往可以通过听、说、读、写活动来感知、体验和获得。在英语教学中，处理语言知识和语言技能这二者之间的关系时，应该注意以下几点。

（一）语言知识与语言技能同时兼顾，防止厚此薄彼

语言知识和语言技能都是语言能力的组成部分，都是英语教学的基本目标。交际教学法是在批判传统的语法翻译教学法的基础上建立起来的，其中一个主要的原因在于传统的教学方法过分强调语言知识（主要指语法）的传授，而忽视了

对语言技能的培养。部分业内人员曾经参加一些听课等教研活动，发现讲课的教师在课堂上不敢讲授语法等语言知识，害怕那样做就会被指责为没有采用交际教学法。这种把语言知识和语言技能对立起来的看法是错误的。

语言知识是能力的基础，认为强调语言能力就可以忽视语言知识的看法是不对的。语言的综合能力是多方面的，除了语法知识外，还有社会语言学能力（如在完成某些言语行为时如何才算得体等）、语篇能力（如观察和使用各种衔接手段和照应手段等）和策略能力（也就是交际策略，如在交际遇到困难时使用某些手段回避等）。这就意味着：①语法还要学，不学语法，语言技能就无从谈起；②学习语法不是为了掌握某种理论体系，而是为了正确地使用语言。不仅要保证语言的语法规范，还要保证其社会文化规范；③语言能力不仅涉及单个句子，还有关于语篇的。当然，英语教学不能停留在知识的传授和学习上，要把语言知识的学习与语言技能的培养有机地结合起来，语言知识的学习要有利于提高语言技能，而在发展语言技能的同时，也不能忽视语言知识的学习。

（二）语言知识的教学要立足于语言实践活动

传授语言知识并不意味着讲解语言知识，尤其是在基础英语教学阶段，主要通过听、说、读、写等实践活动来学习英语，因此，语言技能的训练是教授语言知识的基本途径。语言知识的教学可以采用提示、注意和观察、发现、分析、归纳、对比、总结等方式进行，要有意识地使学生参与到上述过程之中，使学生在学到语言知识的同时，还能得到科学思维方法的训练。

（三）听、说、读、写四项技能协调发展，不能截然分开

对于英语初学者来说，可以从听说开始，但是读写也要跟上。在处理四项技能之间的关系时，我们应该注意防止两种错误的倾向：一是不让学生接触书面材料的纯“听说法”，这是不可取的，也是不符合中国人学外语的情况的，因为中国人学外语最容易创造的还是阅读的输入环境。二是一味强调客观条件，片面夸大读写的重要性，这容易导致只会写英语而不会说英语。

四、教师与学生之间的关系

教师与学生都是英语教学活动的实践者，正确地处理好两者之间的关系，对于英语学习效果起着重要的作用。如果把英语教学比作一场戏剧，那么教师就是

导演，学生就是演员。两者之间要密切地协调配合，教学质量才能有保证。

学生是学习的主体，英语教学要以学生为中心。教师的主要职责是引导和帮助学生学习英语，因此，教师要善于根据学生生理和心理发展的特点认真研究教学方法，排除学生在学习上的心理障碍，调动学生学习的主动性和积极性。教师还要面向全体学生，因材施教，发挥不同学生的特长。另外，教师还要帮助学生养成良好的学习习惯，培养自学能力。在尊重学生的主体性、强调以学生为中心的理念时，充分考虑学生的个体差异。与英语学习相关的个体差异主要包括动机与学习态度、性格和认知方式等。

学习动机与态度是影响英语学习的重要情感因素，英语学习效果的提升在很大程度上依赖于强烈的动机和端正的态度。如果学习者反感讲英语的人和英语教师的话，学习的动力也就无从谈起。根据动机产生的根源，动机可以分为内在动机和外在动机。内在动机来自个人对所做事情本身的兴趣；外在动机是外部因素作用的结果，如父母的赞同、奖赏、惩罚，考试的高分，等等。内在动机和外在动机之间存在相互影响的关系，教师在培养学生内在动机的同时，也要注意对学生外在动机的培养。态度指个人对事物或人的一种评价性反应。态度包括三个组成部分：认知、情感和意动。认知是指个人对事物的信念，情感是指个人对事物的褒贬反应，意动指个人对待事物或采取行动处理事务的倾向。研究表明，学习英语的态度和学习成绩之间的相关程度高于学习其他学科的态度和成绩之间的相关程度。

性格与英语学习也有很大的关系，自信、开朗、认真负责的学生往往会取得良好的学习效果。影响英语学习的主要性格特征包括内向与外向、焦虑、抑制等。具有外向性格的学生开朗、热情、善于交际、爱说话，很容易给人留下好的印象，一般认为他们更适合学习英语；而性格内向的学生缄默、不好动、不善于表达自己的思想，往往不适合学习英语。外向型的学生会更愿意在课上和课外使用英语，愿意提问题、回答问题，不怕犯错误，因此他们的英语口语会更流利些；而性格内向的学生则愿意花更多的时间去练习和研究语言形式，因此，他们相较于性格外向的学生对语言结构的理解可能会更全面、更准确。在英语教学中要注意根据学生的性格特点，进行有针对性的引导。内向型的学生需要一种鼓励性的、宽松的课堂气氛，这样他们才乐于“冒险”，会尝试着使用英语；而对于外向型的学生，则要有策略地提醒他们注意语言的准确性。过分的焦虑会阻碍英语的学习，但是，一点焦虑感都没有也不利于英语的学习。以考试为例，焦虑可以分为促进性焦虑和退缩性焦虑两种。前者可以使学生产生学习动力，迎接新的学习任务，而后者则会使学习者逃避学习任务。其实，焦虑不是一种孤立的现象，除了受到人的性格因素的影响之外，学习的环境、学习任务的性质、个人的先前经验等因素都会导致焦虑的产生。在做事情之前，尽可能提前作好准备，明确目标，预测可能出现的各种困难，找出克服困难的方法，同时还要看到成绩，提高自信心，这样焦虑就会减少。抑制是一种具有保护性能、抵制外部威胁的心理屏障，它与人的自尊心有着密切的关系。人们在了解自身的过程中逐步建立起保护自我的屏障。婴儿没有自我概念，但随着年龄的增长而逐渐认识到自己与众不同，由于自我意识增强，他们开始建立起具有个性的情感特征。在青少年时期，生理、认知和情感的变化带来了具有保护性的抑制，用以保护脆弱的自我，排斥那些威胁个人价值观和信仰的观点、经历和感受。这种意志在青少年时期发展到高峰，并进一步延续到成年。因此，自我意识比较脆弱的学生往往会因为怕犯错误而不参与语言活动，这种语言学习中的抑制行为经过适当的引导也是可以克服的。

认知方式是指人们组织、分析和回忆新的信息和经验的方式。就认知方式来讲，英语学习者可以分为两种：场依存和场独立。测量场依存型时，让学习者观看一个复杂的图案，并找出隐藏在图案内部的几个简单的几何图形，目的是看他们能否把看到的东西分解成若干部分，并使这些部分脱离整体。这种测验也适用于其他语言的学习者，因为他们也要从上下文中把语言项目分离出来才能理解它们。例如，在读一页材料时，他们必须能够识别词、短语和句子，并能理解这些部分如何结合起来构成一个整体。场依存型的学习者具有以下特点：他们对教师提供的语言信息不加分析、不加思考，教师如何教授，他们就如何接受。这类学生特别依赖别人对他们的看法，在很大程度上靠别人表扬，他们给人的印象是直率，对别人感兴趣，使用英语与别人交往的技能可能会更好一些。其原因在于场依存型学习者的英语学习兴趣和英语学习能力需要得到激发。在初期，场依存型学习者的学习能力展现得不够明显，知识获得主要来源于教师，缺乏一定的思考和分析能力。但在后续过程中，通过表扬、鼓励、嘉奖等，场依存型学习者会逐渐对英语交际产生兴趣，与其他人建立起英语沟通的渠道；在大量的英语交流练习中，接受其他学习者的善意提醒，修正自己的语言错误，逐渐提升自己的英语交际水平，此时自身的英语交际能力才得以彰显。场独立型学习者则恰恰相反，他们对自己本身有很强的意识，往往对别人不太敏感，不喜欢接近别人。场独立型的学习者在学习英语结构知识方面更容易一些。

尊重学生的主体地位，以学生为中心，这并不意味着降低教师的主导作用。在英语教学中，教师要充当以下角色。

（一）语言知识与文化知识的传授者

语言知识是语言技能的基础，对于英语学习者来说，要想具备良好的听、说、读、写能力，就必须具备一定的词汇量，掌握英语的语法基础知识；另外，还要了解西方文化。因此，教师要向学生传授英语语言知识和文化知识。传授的方式是多种多样的，并且要与语言实践活动密切结合，鼓励学生在教师的指导下进行探究式学习。

（二）语言技能的培养者

教师不仅是语言知识和文化知识的传授者，还是语言技能的培养者。大多数学生常犯的英语语言技能错误，即“中国式英语”，是指中国的英语学习和使用者由于受母语的影响，硬套中文语法，在英语交际中出现不合规范或不合英语文化习惯的畸形英语，这是一种不规范英语，是学生英语语言技能培养路上的一块绊脚石。举个例子，很多学生因为母语习惯，容易将“大雨”“红茶”翻译为“big rain”和“red tea”，乍一看似乎符合构词逻辑，实际上这种用法是错误的，若应用到实际场景中，难免会闹出一些笑话或引起外宾的误解。为避免此类情况出现，教师应对学生所犯英语语言错误及时进行督促更正，小到单词，大到语法结构，教师需要不厌其烦地纠正其语言错误，这是一个长期的过程，任重而道远。只有这样才能培养出高水平的英语语言技能人才。

（三）语言使用与交际的示范者

学生学习的主要途径就是模仿，教师是主要的模仿对象，这就要求教师起码要做到两点：第一，教师本身要具备良好的语言基本功，为学生提供正确的模仿内容；第二，教师的语言要适合学生的语言水平，使学生能够模仿。

（四）语言交际活动的组织者和参与者

学生英语交际能力的提高需要进行大量的交际实践活动，这就要求教师根据学生的语言水平和教学的需要在课堂内外组织多种形式的交际活动。而且在很多情况下，还要求教师在活动中充当一定的角色，并在与学生的交际过程中刺激学生并发现新的语言现象，使学生掌握语言的用法。

（五）语言学习过程的诊断者与咨询者

英语学习是一个漫长的过程，在此过程中学生会遇到各种各样的困难与困惑，这就要求教师针对学生的实际情况作出相应的诊断，确定学生产生困难或困惑的原因，并给出合理化建议，以帮助学生解决这些困难、消除这些困惑。要想做到这一点，要求教师要具备良好的理论素质，熟悉英语教学以及与英语教学相关学科的基本理论，了解英语学习的过程；要在教学过程中及时、敏锐地捕捉到学生在各个阶段出现的困难和问题。

（六）语言学习材料的推荐者和提供者

学生在学习英语的过程中需要大量的语言输入，单靠一本教材是远远不够的，还需要补充一定的语言材料。现在市场上有各种各样的学习资料，学生及其家长在选择这些材料时往往具有一定的盲目性，这就要求教师针对学生的实际情况，配合学校的教学，推荐或者提供适合学生的学习资料。

（七）学生学习动力与学习兴趣的激发者

学生是学习的主体，这就决定了英语教学必须要以学生为中心。英语学习成败的关键在于学生学习的动力是否充足、学习的兴趣是否浓厚，这就要求教师要想方设法地激发学生的学习动机和学习兴趣，在教学中针对学生的特点，例如好奇心、善于表现等，设计学生能接受的教学活动。还要注意学生的进步并及时进行鼓励，对学生使用语言时出现的问题不过分指责，以使学生保持学习的自信心。

（八）语言学习规律的学习者和研究者

对每一位英语教师来说，其本身在教学之前乃至终身都是一位英语学习者。自身的学习过程已经为教学提供了许多经验，其中的经验和教训将会对自己的英语教学产生重要的影响。但是感性的经验只有上升到理论层面才能更加有效地指导进一步的教学活动，因此，一方面提倡教师要不断学习，提高自己的语言基本功；另一方面还要结合自己的教学实践，采用科学的方法，探索与研究英语学习的基本规律。

第二节　高校英语教学的基本原则

一、交际性原则

语言是交际的工具，人们主要通过语言来交流思想、传递信息。交际是在特定语境中说话者和听话者、作者和读者之间的意义转换。由此定义可以得出以下几点启示：①交际包括口语和书面语两种交际形式；②交际总是发生在一定的语境之中；③交际需要两个以上的人参与并产生互动。①

学习英语的首要目的就是使用英语进行交际，而英语教学的首要目标就在于培养学生的交际能力。交际能力的核心就是能够运用所学的语言知识在不同的场合与不同的对象进行有效的、得体的交际。因此，英语教学中要贯彻交际性的原则，使学生能用所学的英语与人交流，在教学过程中努力做到以下几点。

（一）充分认识英语课程的性质

英语课是一种技能培养型的课程，要把语言作为一种交际的工具来教、来学、来使用，要使学生能用所学的语言与人交流、获取信息，而不是把教会学生一套语法规则和零碎的词语用法作为语言教学的最终目标。在教学过程中，教、学、用三个方面构成一个有机的、相辅相成的统一体，其中的核心在于使用。因此，教师转变以往陈旧的教学观念，认清课程的性质，是落实交际性原则需首要解决的问题。

（二）创设情景，开展多种形式、丰富多彩的交际活动

语言是交际的工具，而交际的发生总是处于特定的情景之中。情景包括时间、地点、参与者、交际方式、谈论的题目等要素。在某一特定的情景中，讲话者讲话的时间、地点以及本人的身份都制约他说话的内容、语气等。因此，在基础英语教学中，要将教学的内容置于一种有意义的情景之中。而且，在一定的情景下学习英语，可以使学生身临其境，提高学习英语的兴趣。因此，英语教学活

① 王青．中国大学生英语交际意愿的动态变化研究 [D]. 镇江：江苏科技大学，2021.

动要充分考虑交际性的特点，结合教材的内容，尽量利用各种教具，创设与学生生活密切相关的各种情景，进行英语交际训练活动，这样不仅能使学生学有兴趣、学有成效，而且能够做到学用结合。

（三）注意培养学生语言使用的得体性

英语教学的首要目标在于培养学生进行有效交际的能力。传统的英语教学只偏重语法结构的正确性，而根据交际性原则，学生要具备良好的交际能力，需要能够在适当的时间、适当的地点，以适当的方式向适当的人讲适当的话。这一点与上面一点密切相关，创设情景，开展多样的交际活动，如课堂游戏、讲故事、猜谜语、编对话、角色扮演、话剧表演、专题讨论或者辩论等，都有助于学生在创设的情景中充分展现自己，从而掌握地道的英语语言。

（四）精讲多练

英语课堂的工作不外乎讲和练两种，前者是指讲授语言知识，后者是进行语言训练。在课堂上，适当讲授一些语言知识是必要的，可以提高学习的效果。就如同学习游泳一样，在下水之前，教师讲解一些注意事项、游泳的动作要领，有助于提高学生训练的效果。但是，英语首先是一种技能，技能只有通过实际训练才能获得。因此，教师必须清楚，讲解的目的在于帮助学生更好地训练。在语言训练的过程中要针对学生的具体问题给予“画龙点睛”式的点拨。这不仅有利于学生语言交际能力的培养，还有助于学生养成良好的学习与思维习惯。在进行了必要的讲解之后，要给学生留出足够的训练时间。

（五）注重教学内容与教学活动的真实性，贴近学生的生活

语言与现实生活密切相关，教学活动的设计与教学内容的选择一定要考虑这一因素。在英语教学中，要把语言和学生关心的话题结合起来，要给学生足够的、内容丰富的、题材广泛的、贴近学生生活的信息材料。另外，教学内容的真实性还要求教材的语言和教师的语言是真实的，也就是说，教材的语言和教师的语言应该是英语国家人们在交际过程中所使用的语言，而不是专门为教学而编写出来的。

二、兴趣性原则

我国古代教育家孔子把学习分为三个不同的层次：知学、好学和乐学，认

为“知之者不如好之者，好之者不如乐之者”。兴趣是最好的教师，是推动学生学习英语的最强有力的动力。学习兴趣是学生积极探求事物并带有感情色彩的认识倾向，它可以使学生在学习活动中变得积极主动，从而获得更好的学习效果。有学者指出，学习兴趣有四大功能：①定向功能。学习兴趣作为影响学习过程的一种非智力因素，其作用是最为明显的，也是最为持久的，它往往决定着学生的进取方向，为学生的学业奠定基础。②动力功能。学习兴趣与人的情感活动密切相关，可以直接转化为学习的动力。当学生对英语学习具有浓厚的兴趣时，学习就不再是一种负担，而是一种乐趣。③支持功能。英语学习是一个漫长而又复杂的学习过程，其间会有许多困难与挫折。学习兴趣有助于学生克服困难、战胜挫折、保持旺盛的精力，对学习起着支持作用。④偏倾功能。人们往往从自己的兴趣出发去审视事物，表现在英语学习上就是每个学生的兴趣不同，其学习的侧重点也就有所不同。有的学生对记忆单词特别感兴趣，有的学生特别喜欢阅读英语文章，还有一些学生特别喜欢英语写作。对于这些侧重点的差异，教师需要因势利导，在学生原有侧重点的基础上，将其引导到全面正确的轨道上来。为了激发和培养学生学习英语的兴趣，教师应该做到以下几点。

（一）充分了解学生的生理与心理特点，尊重学生的主体性

学生是学习的主体，是整个学习过程的核心承载者。基础英语教学要从学生的心理和生理特点出发，改变传统的学习方式，让学生通过体验和实践进行学习。传统的语言学习方式强调学生在初级阶段要学好音标、学好语法，掌握一定量的词汇。英语课程必须从学生的心理和生理特点出发，遵循语言学习规律，从改变学生的学习方式入手，通过听做、说唱、玩演、读写和视听等多种活动方式，达到培养兴趣、形成语感和提高交流能力的目的，在学习的初级阶段尤其要如此。

（二）防止过于强调死记硬背、机械操练的教学倾向

英语学习需要一定的死记硬背和机械操练的活动，但过多的机械操练很容易导致课堂教学的死板与乏味，容易使学生失去或者降低学习英语的兴趣。为此，应该重视科学设计教学过程，努力创设能满足学生对知识内容、技能实践和学习策略的需要的真实情景，以营造能活跃学生思维的教学环境，帮助学生通过各种渠道获取知识，加速知识的内化过程，使他们能够在听、说、读、写等语言交际

实践中灵活运用语言知识，变语言知识为英语交际的工具。这样，学生在锻炼交际能力的同时，综合素质也会得到相应的提高，学生的学习兴趣才会得到巩固与增强。

（三）挖掘教材，激情引趣

教材是英语教学的核心，教师要想最大限度地调动学生学习的积极性，就要在备课时认真地研究教材，挖掘教材中的兴趣点，使每节课都有新鲜感，都有让学生感兴趣的内容和活动。

（四）善于发现学生的进步，多鼓励表扬，培养学生的自信心和成就感

对于学生来说，学习兴趣的保持在很大程度上取决于学习的效果，取决于他们能否获得成就感。因此，教师要通过多种激励方式，如奖品激励、任务激励、荣誉激励、信任激励和情感激励等，鼓励学生积极参与、大胆实践，体验成功的喜悦。

（五）注意发现和收集学生感兴趣的问题，把这些问题作为设计教学活动的素材

例如，在教数字时，有一个教师请学生收集自己家里所有的数字，学生除了收集家里的电话号码、邮编、自行车牌照、汽车牌照等之外，还收集了全家人穿的鞋子的尺码、衣服的尺码，父母的身高，家里的藏书数目，自己的零用钱，等等。这样，一节枯燥的数字课变得热闹非凡，笑声不断。

（六）增强教师与学生之间的交流

一个班级的学生来自不同的家庭，教师要平等地对待每一个学生，对学生充满爱心，通过各种形式与学生进行交流，真心地与学生交朋友，用自己对工作、对学生的热爱去影响学生。而且教师要活泼、有幽默感，以赢得学生的尊重与喜爱。实践表明，一个学生对某一门课程喜欢与否，往往取决于他对授课教师的态度。另外，教师还要寓思想教育于教学之中，结合英语教学培养学生的道德情感和对英语学习的热情，创设和谐、宽松的课堂气氛，注意保护学生的自尊心。好的情绪在学习中会变为一种兴趣和动力，教师在严格要求学生的同时，还要给学生创设一种和谐的学习氛围，通过一个眼神、一个手势、一个微笑或一句赞许的

话去影响学生。

（七）改变传统的英语测试方式

基础英语课程的评价应以形成性评价为主，采用平时教学活动中学生常见的方式进行，重视学生的态度、参与的积极性、努力的程度、交流的能力以及合作的精神等。除形成性评价外，学生期末或学年考试可采用口试、笔试相结合的方式。口试主要考查学生实际的语言应用能力，笔试主要考查学生听和读的技能以及写作能力。评价可采用等级制或达标的方式记录成绩，不应对学生按成绩排队或以此作为各种评比或选拔的依据。

（八）不要过分强调跳跳唱唱的作用

这一点主要是针对英语活动目前的状况而言的。英语教学要充分考虑学生的心理特点，培养学生学习英语的兴趣，使学生能够在轻松活泼的氛围中学习英语。因此，高校英语教师创设了丰富多彩、形式多样的教学活动，例如唱英语歌曲、看英语视频、跳舞等，这些活动都起到了很好的作用。但是在进行这些教学活动的同时我们也应该注意以下两点。

第一，英语教学的目的在于提高学生综合运用英语的能力，跳跳唱唱只是手段，而不是目的。不能在英语教学中为了唱歌而学唱歌，为了表演而学表演。一位好的英语教师应该从学生的实际情况和提高学生综合运用英语能力的目标出发进行教学，而不是千篇一律地照搬照抄。英语教学应该注意实效，不要过多地搞一些形式化的东西，检验英语教学成果的最终指标还是要看学生的英语语言能力，而不是看学生会唱多少英语歌曲、会不会用英语表演节目。

第二，英语学习是一个漫长的过程，是学生逐步掌握英语知识和技能、提高语言实际运用能力的过程，也是他们磨炼意志、陶冶情操、开阔视野、丰富生活阅历、开发思维、发展个性和提高人文素养的过程。教师既要防止不顾学生的心理特点，机械地套用成人的英语教学方法，只注重讲解，而不注意学生的积极参与，使学生失去学习英语的兴趣；又要防止过分强调对学生兴趣的培养，不注重对学生进行学习意志与毅力的锻炼和培养，使英语教学流于形式，从而导致英语课堂“热热闹闹”、学生英语水平提升不明显的状况。在英语学习的初期，跳跳唱唱的教学活动可以起到一定的作用，但是随着学习难度和学生英语水平的提高，跳跳唱唱包含的教学内容的局限性就会逐渐地显露出来，过分强调跳跳唱唱的作用很容易导致教师有意识地降低教学难度，延缓学生英语水平提高的进程。

三、灵活性原则

灵活是兴趣之源，灵活性原则是兴趣性原则的有力保障。语言是生活的一个必要组成部分，是一个充满活力、不断发展的开放性系统。语言本身的性质以及学生的自身特点要求教师在英语教学中要遵循灵活性的原则，要在教学方法、语言学习和语言使用方面做到灵活多样、富有情趣。

（一）教学方法的灵活性

英语教学史上曾经出现了许多种不同的教学方法和流派，例如语法翻译教学法、视听教学法、交际教学法，等等，每种方法都有其自身的优势与不足，教师应该兼收并蓄、集各家之所长，切忌拘泥于某一种所谓流行的教学方法。英语教学包括语言知识和语言技能两个方面。语言知识包括语音、词汇、语法等内容，不同的语音、不同的词汇、不同的语法项目都具有不同的特点。语言技能包括听、说、读、写四个方面，其中还包括许多微技能。学习者的个体差异千差万别，因此在英语教学过程中，要综合教学内容以及教师自身的特点，创造性地开展多种多样的教学活动，充分体现教学方法的多样性和创新性，使英语课堂新鲜有趣，从而激发学生学习英语的积极性，挖掘学生的潜能。教学内容也要体现多样性的原则，不光要教英语语言知识，还要教学习方法。

（二）学习的灵活性

教学方法和教学内容的灵活性可以有效地带动英语学习的灵活性。教师要教育学生努力改变以往死记硬背的机械式学习方法，帮助学生探索合乎英语语言学习规律和符合学生生理、心理特点的自主性学习模式，使学生能够自我导向、自我激励、自我监控；静态、动态结合，基本功操练与自由练习结合，单项和综合练习结合。通过大量的实践练习，使学生具备良好的语音、语调、书写和拼读的基础，并能用英语表情达意，开展简单的交流活动，开发听、说、读、写等综合运用语言的能力。

（三）语言使用的灵活性

英语学习的关键在于使用，教师要通过自身带动和影响学生灵活地使用英语。教师应尽可能多地用英语组织教学、用英语讲解、用英语提问、用英语布置作业等，使学生感到他们所学的英语是活的语言。英语教学的过程不应只是学生听讲和做笔记的过程，而还应是学生积极参与，运用英语来实现目标、达成愿望、体验成功、感受快乐的有意义的交际过程。另外，教师还可以通过灵活性的作业使学生灵活地使用英语。作业的布置应侧重于对实践能力的培养，如可以让学生录制口头视频作业，让学生轮流使用英语进行值日报告，用英语陈述和评议时事、新闻等。

四、宽严结合的原则

所谓的宽与严是指如何对待学生在学习过程中出现的语言错误，也就是如何处理准确和流利之间的关系。英语学习是一个漫长的内化过程，学生从开始只懂母语，一直到最后掌握一种新的语言，需要经过许多不同的阶段，从中介语的观点来看，在各个阶段，学生使用的语言是一种过渡性的语言，它既不是对母语的翻译，也不是将来要学的目标语。这种过渡语免不了会有很多错误，传统的分类方法将错误分为语法、词汇和语言错误。语法错误又进一步分为冠词、时态、语态错误等。这种分类方法主要基于语言形式而忽视了对语言的使用。对于各种错误的分析，是第二语言习得研究的重要课题，因为通过对这些错误进行分析，可以发现学生的学习策略，这些策略正是学生在学习英语的过程中产生错误的原因。第一个原因就是迁移。需要说明的是，许多人都想当然地认为迁移是英语学习者产生错误的主要原因，但是许多研究表明，由母语干扰造成的错误在所有错误中占的比例并不高。第二个原因是过度概括。学习者对自己所学的语言结构作出概括，然后创造出一些错误的结构。

对待错误，有两种极端的做法是不可取的。一种极端的做法是把语言错误看得非常严重，“有错必纠”。教师这样做的理由是学生正处在英语学习的初期，一定要学到正确的东西，如果对学生的语言错误听之任之，一旦养成习惯就很难改过来了。结果就是学生在讲英语时，教师往往会抓住学生的错误不放，这样很容易挫伤学生学习英语的积极性，从而使其十分害怕犯错误，久而久之就不敢开口讲英语了。另一种极端的做法是对学生的语言错误视而不见。教师这样做的理由是熟能生巧，只要多说就能慢慢自我改正这些错误。这类教师强调的是学生语言的流利程度，结果导致学生毫不注意语言的准确性。

语言错误是学习英语过程中的必经阶段。出错—无意识错误—出错—意识错误—出错—自我纠正错误，是每一个英语学习者的必经之路，没有这个过程很难练就一口流利的英语口语。因此，要鼓励学生不怕出错，而且要耐心地倾听学生不太标准的英语，并给予纠正指导。一方面，教师要坚持用正确的语言熏陶学生；另一方面，当学生的语言错误影响到信息的传递时，要进行必要的纠正，从而保证学生以后使用英语的准确性。也就是说，在英语教学过程中，教师应该采取宽严结合的方式。当以交流为目的时，对学生的语言错误采取宽容的态度；当以语法学习为目的时，则采取严格的态度。这样宽严结合，既能保证学生具有扎实的语言基础，又有利于鼓励学生大胆地使用英语。

宽严结合的原则实际上就是要正确处理准确和流利之间的关系。“没有准确，流利就失去基础”这句话是对的，但是这种说法只是强调了准确的重要性，正确的态度应该是“既要强调准确性，又要重视流利程度”。我们可以区分两种情况：对于初学者，不要过分纠正其语言中的错误，而要更多地鼓励他们使用英语进行交际；对于英语水平中等以上的学习者，可以适当地纠正其语言中的偏差，但是要以不打击他们的学习积极性为前提。换句话说，越到高级阶段，越要强调准确性。此外，在写作文或在课堂上演讲时，则应该强调准确性。

五、输入输出原则

所谓输入是指学生通过听和读接触英语语言材料，所谓输出是指学生通过说和写来进行表达。心理语言学研究表明，输出建立在输入的基础之上。在此意义上，输入是第一性的，输出是第二性的。人们在学习英语的过程中，能理解的总是比能表达的要多。换言之，人们能听懂的，永远比能说的要多；而能读懂的，又比能写的多。我们能欣赏小说、散文和诗歌等优秀的文学作品，但我们自己并不一定能写出来。除此之外，语言输入的量越大，语言输出的能力就越强。也就是说，我们听的东西越多、读的东西越多，表达能力也会越强。Krashen 认为有效的语言输入应具备以下三个特点：第一个特点是可理解性。他认为，如果学生不能理解输入的语言，那么这些输入无异于噪声，是不能被接受的。第二个特点是趣味性或恰当性。输入的语言材料还要使学习者感兴趣。要使学生对语言输入感兴趣，最好使他们意识不到自己是在学英语，把其注意力放在意义上。第三个特点是有足够的输入量。目前的英语教学严重地低估了语言输入量的重要性。要习得一个新句型，单靠做几个练习甚至读几段语言材料是远远不够的，还需要数小时的泛读以及多次讨论才能完成。

教师在教学过程中应该注意以下几点。

（一）尽可能多地让学生接触英语

要通过视、听和读等手段，多给学生可理解的语言输入，如声像材料的示范和贴近学生日常生活与学习、适合学生的英语水平、具有时代特色的读物等。另外，学生学习的内容不要局限在课本之内，教师应该打破课内外的界限，帮助学生扩大语言的接触面。

（二）输入内容和输入形式的多样化

学生接触的英语既要有有声的，又要有图像的，还要有文字的，而且语言的题材和体裁以及内容要宽泛，来源多样。例如，在日常生活中，尤其是在大中城市，每天都会接触到大量英语。比如文具、衣服、电器等上面就有许多英文，如果教师能利用这些，学生们可能轻轻松松地就会学到许多英语知识。另外，教师还要尽可能多地为学生提供多种形式的输入。

（三）提高接触语言的频度

学习一门语言，接触语言的频度比长度更重要。英语课程要多开设，打好高校学生的英语基础，每周课程应不少于 6 节，从而提高学生的英语水平。

（四）强调学生的理解能力

只要学生能理解的，就可以让他们听，让他们读。并且，还可以只要求学生理解，而不必要求他们用说和写的方式来表达。从教学目标来看，对语言技能应该有全面的要求，但是从教学的方法来看，应该先输入、后输出。

为学生提供的语言材料要符合学生的实际情况，要满足可理解性、趣味性与恰当性的要求。当然，仅仅依靠语言的输入是不可能掌握英语、形成综合运用英语的能力的，还需要通过口语和写作来检验和促进对语言的输入。在增加可理解的语言输入的同时，还要多组织有效的实践活动，这些实践活动应包括一定的模仿练习。学习语言的确需要模仿，问题的关键在于如何模仿和模仿什么。如果只是机械地模仿，只注意语言的形式，并不能保证学习者能在生活中真正地使用语言。比如只是要求学生注意语音、语调的准确性，只要求其死记硬背句型结构，而没有使学生真正地了解这些句型结构所表达的含义，学生并不能在课外灵活地使用。模仿最好是模拟生活中的真实情景，注意语言结构所表达的内容，这种模仿才是有效的。尤其是在结对练习、小组练习的时候，让学生根据实际情况使用英语，从而真正地掌握它。英语教学的研究人员还提出，不仅要有“可理解的输入”，还要有“可理解的输出”。

第三节　高校英语教学的目标

一、帮助学生理解英语

“教师使学生懂英语”这个过程仍然是一个使能过程，但不是使学生掌握技能和学习本领，而是使学生动脑筋，学习语言知识。学生的学习过程不是一个行为过程，而是一个心理过程，教学的中心仍然是学生。在这个过程中，学生是中心，是关键的参与者，而教师只是帮助者和使能者。但是，在此学生不是学会做事，而是要拓展思维活动，获得新的知识。教师的任务是提供学生需要的一定量的知识，这里需要考虑的是“知识”一词。学习语言通常有两种方式：学习语言和学习有关语言的知识，在此，“知识”纯粹是有关语言的特点和运用的知识，掌握语言知识也可以称为懂英语。这意味着学习英语既表示学会有关语言的知识，也表示学会说这种语言。这两种解释实际上代表了两种不同的教学模式。对于第一种模式，学习知识只让学生理解和记忆即可，而不必让学生进行实际的操练和实践，重点是心理活动。对于第二种模式，学生不仅要理解和记忆所学的知识，还要学会实际的语言运用技能，学会将所学的知识运用到实际的语言交际中去。同时，还要学会在一定的文化语境中，即在目标语文化中，从事所要进行的交际活动，掌握语言所要完成的交际功能以及所要运用的语言知识。这样，教学的目标可以分为两种：使学生学会有关语言的知识和使学生会讲这种语言。①

二、帮助学生学会英语

“教师使学生学英语”，在这一教学过程中，学生学习英语，教师帮助他们达到目的。学生是行为者，是教学的中心。教师是使能者，可以采用各种各样的

① 杨桦．大学英语教学目标定位及价值研究 [J]. 才智，2019（24）：165.

手段来帮助学生学习英语。例如，可使用各种各样的现代化技术和设备来帮助学生学习。在这种教学模式中，教师首先考虑的是学生，而他们自己的角色就是指导和帮助学生。但现在我们没有考虑学生的任务是什么性质的、是什么样子的，只是想当然地认为学生应该如何学习，也就是说，没有对教学目标进行限定。从教学方法和程序上讲，教师把教学的主体变成学生，教师的角色只是帮助学生达到学习目的，应该说这是一个很大的进步。但这个过程提出的是一种方法，并没有提出教什么。教师可以让学生自己学，由被动变主动，在此基础上考虑学什么和达到什么目标：这个教学过程的目标是使学生学会英语。

以上所讲都是物质层面的过程，也就是说，教学的过程被看作一种行为和动作，是做事情，是完成任务等。

三、给学生传授语言知识

“教师把英语授给学生”的教学过程在此被视为一个物质交流的过程，在这个交流过程中，主要的参与者是给予者和物质，即教师和他教授的语言，而学生的存在是偶然的，他只是被给予的对象。从人际交流的角度讲，教师像赠送钢笔等物品一样，把英语“给予”学生。在这种情况下，教师通常要教给学生他们自认为是“好”的英语，如“标准英语”“文学英语”等。在这一交流过程中，教师处于绝对控制地位，学生则完全处于被控制的地位。所以，学生认为什么是好的英语是无关紧要的，因为他没有发言权。教学的重点是语言，实施者是教师，学生只是受益者，接近情境成分。教学的目标是教给学生自己认为是“好的”或者“美的”英语，使学生学会标准的、高雅的英语。从方式上讲，教师在不停地教，而学生则只能不停地接受。至于他愿不愿意接受和能接受多少，教师并不关注，他们关注的是学生是否接受。教师通常为自己选择的美的教学材料或者是美的教学方式所陶醉。教师的快乐在于知道学生懂得了自己在课堂上所教授的内容并且欣赏自己的教学内容和课堂表演。

四、训练学生的英语技能

“教师用英语教导学生”，从人际交流的角度讲，这一教学过程的重点仍然是教师，学生是参与者之一，但只是一个被动角色。学生的参与受到外界因素的影响，受到教师行为的支配，他们没有学习的主动权。但在这一过程中，教师不再简单地像给予学生东西一样把语言传授给学生，而是使学生提高技能，达到训练目标。从课堂内容的角度讲，在这一教学过程中，教师通常提供大量的课堂训练和练习以及大量考试，教学目标是使学生掌握运用语言的技能。

从教学方式上讲，教师主要给学生提供大量训练，开展许多活动，学生是这些活动的参与者和被训练对象。这种教学模式既与传统教学法中教师主导一切的模式相似，也与模式训练法的教学模式相似，学生只是被训练的对象，自己没有主动权，所以难以发挥自身的主观能动性。这是一种结构主义和行为主义的教学模式，教师并不是使学生学习语言知识，而是获得语言技能，但这种技能不是实际运用语言的能力，而是一些语言模式，而且这些模式大部分是一些根据结构主义理论提炼出来的语言结构模式，而不是根据情境语境中的语境模式提炼出来的语言功能模式。

五、发展学生的意义潜势

“教师使学生成为讲英语的人”，在此，教学过程被看作一个关系过程。教师仍然是使学生能够做某件事情（讲英语）的人，但他不仅仅是使学生能够做某件事情，而是使学生成为一个能讲目标语的人。语言被视为一个“潜势”，称为“意义潜势”。教学的目的是使学生掌握这一潜势，使学生会用语言来表达意义。这显然既包括使学生掌握有关语言的知识，也包括使学生掌握语言表达的能力，学会用所学的语言说话。

教学过程主要被看作一个物质过程，是一种活动，主要参与者是学生和教师。即使是心理过程，教师也是一个使学生做事情的人，是个控制者，而不是“感受者”。但在这个过程中，教师所起的作用是不同的，他可以作为控制者和行为者，学生是目标，也就是说，学生只能被动地接受教师传授给他的任何教师认为重要的东西。教师也可以作为训练者，做教练，让学生做一系列的活动和动作，教师是指挥者和指导者，学生是活动的进行者，是行为者。教师还可以是使学生做事情的人，他组织学生从事一系列学习活动。从这个角度来讲，这几种模式有一个共同点，就是教师的作用越来越趋于向背景移动，而把主要角色让学生来承担，学生成为教学活动的主角和中心。这是现代语言教学理论和方法发展的趋势。

六、跨文化交流能力的培养

随着英语教学改革的深入，培养学生交际能力的意识越来越深入人心。但在英语教学实践中却发现，尽管教师在培养学生听、说、读、写等语言技能方面花费了大量心血，但教学效果并不明显。通过分析就会发现，现行的围绕听、说、读、写、译等语言技能训练所编的教材及所采用的教学方法存在一定问题。严格地说，目前高校英语教学还没有突破语言知识的掌握和语言技能训练的条条框框，学生学到的更多的是语言表面的知识。因此，许多人认为，英语教学仅仅重视语言技能的训练是不够的，还必须注重对交际能力的培养。实践证明，语言技能的训练不能自然生成交际能力，交际能力的形成除了语言因素外，还有社会文化能力、语境能力、行为能力等诸多要素。因此，要想培养学生的交际能力，英语教学除了传授语言内容和进行语言技能的训练外，还必须努力对学生进行跨文化条件下语言能力、语用能力等的专门培养和训练，以提高学生在特定的社会文化情境中的跨文化交流能力。

培养学生的跨文化交流能力是英语教学的最高目标。英语教学的过程实际上是一种文化适应的过程，一方面，它要求学生把目标语文化也就是英语文化与自身现有知识进行等值条件下的转换；另一方面，又要无条件但又积极地理解、吸收与本国文化不同的信息。由于英语与汉语的巨大差异，学习英语不可避免地会遇到文化差异造成的障碍和困难。为了消除这种障碍，英语教学就必须强化文化教学，即在教学过程中，相应地进行英语语言文化教学。从英语教学的角度来讲，教授语言知识和培养语言技能是前提和基础，而跨文化交流能力的培养是前者的深化和提高；前者是手段，后者是目标。

通过对以上几种教学目标的分析和比较可以发现，英语教学中的目标可以是帮助学生理解英语、帮助学生学会英语、给学生传授语言知识、训练学生的英语技能、发展学生的意义潜势，但英语教学的主要目标是教授掌握英语的技能。英语知识的学习只是辅助的，有利于促进英语学习，但不能代替英语技能的训练。英语教学的较高目标模式应该是综合性的、以发展学生的意义潜势为主，但最高目标应该是培养学生的跨文化交流能力。

第四节　高校英语教学的模式、方法与手段

我国高校英语的教学模式长期以来一直是以教师为中心的，这种教学模式与高素质的教师相结合，在特定的历史时期发挥了很好的作用，培养了大批的英语人才。但随着新时代社会的发展、学校教育配套设施的完善和学生能力等各种条件的变化，特别是学生人数的增加，传统的教学模式受到了极大的挑战。而与社会发展相适应的基于多媒体与网络的新的教学模式则逐步成为更为恰当的英语教学模式，并且逐渐得到教师与学生的好评。在深入推进我国教学模式改革、切实提升学习者学习成效的进程中，如何构建科学、有效的新型教学模式一直是亟待解决的问题。因为教学模式是在一定的教学思想或教学理论的指导下建立起来的较为稳定的教学活动结构框架和活动程序，不仅反映课程设计者与实施者对待“学”与“教”的态度，还直接影响学习者的学习效果。近年来，国内高校英语教学改革不断推进，优化教学过程、改革和完善新型教学模式、培养英语专业学生的自主学习能力，成为高校英语教学研究领域的重要课题。

一、高校英语教学模式及其发展历程

乔伊斯和威尔关于教学模式的定义在国外是比较有影响力的，他们认为，教学模式可以用来设置课程、设计教学教材、指导课堂或改进其他场合教学的计划或类型。关于教学模式的内涵有多种表述方式。在国内，有学者将教学模式等同于教学结构，认为它是在一定的教学思想指导下建立的比较典型和比较稳定的教学程式；也有学者认为，教学模式就是教学过程的模式，或是一种有关教学程序的策略体系、教学式样，即根据客观的教学规律和一定的教学指导思想而形成的整个教学过程中必须遵循的、比较稳定的教学程序及其实施方法的策略体系。一些学者在结合英语教学特点的基础上提出，教学模式是指在一定的教育思想、教学理论和学习理论的指导下，在某种环境中展示教学活动过程的稳定结构形式。人们对教学模式概念认识的分歧，说明对教学模式的实质和定位等基本理论问题有待进一步深入研究。尽管有关教学模式的观点不尽相同，但不外乎是从不同视角对教学模式的以下两个基本属性进行研讨：一是教学模式是指为实现某种教学

任务、目标和要求开展的具体教学活动，二是教学模式是指它涉及的教师、学生、教材、教学媒体等要素在教学活动过程中呈现的一种稳定的结构形式。①

（一）高校英语教学模式的发展历程

随着高新技术的发展，网络工具庞大的信息资源和可接近性使信息流更直接地指向学生，使得由以教师为中心的知识传授教学模式转向以学生为中心的综合应用能力教学模式成为信息技术飞速发展的必然结果。由于长期受到以“读”为中心、以语言知识讲授为主的传统教学模式的影响，综合英语课程在某种程度上制约了学生将语言知识转化为语言交际能力，限制了学生综合语言能力的提升。在教学中采取以教师为中心的教学模式，强调理论知识的讲授，忽视实践体验的重要性，教学方式比较单一，较少考虑学生的个体差异和需求，尤其缺乏对学生学习过程的及时评估与反馈。

随着多媒体网络技术被引进高校英语教学，传统的教学模式面临极大的冲击。后经过改革，引入多媒体与网络，倡导学校重新整合计算机硬件设备，以形成一个以校园网为基本教学环境的教学网络体系，实现多地点、个性化、自主式教学，保证教学内容的实用性、文化性和趣味性。可将原来教师讲授的内容设计为一个个学习任务，由学生在多媒体的网络环境下主动地、积极地去进行人机交互式学习，在完成这些任务的过程中习得语言、熟谙技能。因此，计算机技术的进步使其功能有了跨越式的发展。在英语教学方面，计算机技术已远远超出了它的辅助功能，逐步走向主导。

（二）关于传统英语课堂教学模式的思考

在我国的英语教学中，存在多种教学方法和模式，其中最常见的是传统的“语法翻译”教学模式。英语课堂教学区别于其他学科教学表现在以下四个方面：①必须通过积累大量的语言材料去激发教学活动的内部兴趣，在积累的基础上掌握大量理论。②必须通过对集体作业和个别作业的安排去集中学生的注意力，即以练习安排作为课堂教学的外部手段，学生能否学得起劲，主要看练习安排是否得当。③构成课堂教学的各个环节衔接紧密，有时两个环节要交叉进行，比如讲授新的课程后要马上进行巩固复习。④作为进行课堂教学基本媒介的语言受到限制。因为英语课的教学内容是陌生的英语，一方面工具语言的使用要受到

① 梁丽．多模态话语分析视角下的大学英语教学模式研究 [D]. 沈阳：沈阳师范大学，2016.

学生理解能力和表达能力的严格限制；另一方面教师经常因学生有限的目标语能力而不能充分、自由地使用工具语言。受到课堂教学自身的制约，我国高校英语教学模式在很长一段时间里主要是以教师为中心，教师讲课文、讲词汇、讲语法、组织操练。这种传统的教学模式实行的是“满堂灌”的方式，忽视了学习者的主观能动性。虽然依靠教师的丰富经验和个人能力以及因材施教的小班教学方法，确实培养了一批又一批的英语人才，但随着国家和社会对国民英语能力要求的进一步提升，这种教学模式面临着极大的挑战。

（三）对“教师中心”英语教学模式的反思

在我国，英语教学历来主要以课堂形式开展，且课堂教学采取的是“教师中心”模式，顾名思义，就是教师作为整个教与学过程的中心。因为在缺乏目标语言环境的情况下，英语学习主要在课堂开展。在高校英语课堂上，教师作为中心，讲课文、讲词汇、讲语法、组织操练、核对答案；教师向学生传递大量的知识信息，是知识的传授者、教学的绝对主导者，控制整个教学活动的进程。相对而言，学生是知识传授的对象，是外部刺激的被动接受者，学生始终处于被动接受的状态，偶尔对教师的讲授提出疑问或作出反应。高校英语教学大多采用大班授课，教师数量与学生数量比例相差悬殊，在课堂上教师问、学生答的情况最为普遍。教师缺乏与学生的交流和互动，教师无法关注每个学生关于语言知识的实际困难及其课堂表现，致使理论知识与实践环节脱节，学生缺乏展现个性化理解的时间与空间，这也是高校英语课堂教学长期以来忽视的问题。在传统课堂上，教学媒体是辅助教师授课的演示工具，而教师的教学主要依赖于传统的教学媒体。黑板、教材作为承载教学信息的主要工具，其单一的媒体呈现模式也限制了学生信息量的输入，满足不了信息时代学生对知识的需求。学生通过教学媒体获得教师传递的信息和观点，但教学媒体向学生传递的信息有限，主要依赖于教师的讲解，学生几乎无法实现对教学媒体的操作与控制。

多媒体网络对英语教学的介入，要求教师在教学过程中应以多媒体和网络技术为支撑，以现代教学和学习理论为指导，充分利用开放的网络资源和网络交互技术，处理好教师、学生以及教学内容和教学媒体的关系。为了更好地实现有关部门关于教学模式的规定，各高校都大力完善英语教学配套设施建设，在教室里配备现代化的多媒体设备、建设校园网、为学生提供网络教学平台等。在课堂上，教师可以利用多媒体教学平台，或连接网络资源，或展示教师自制的 PPT

电子课件，但是，此模式仍然是以教师为中心。教师将原来写在黑板上的内容做成了电子幻灯片，而学生还是处于较为被动的地位，学生的积极性并没有被调动起来。与传统教学模式相比，多媒体演示代替了板书，用现成的高校英语教学光盘或网络下载的课件取代了教师的教案，教学内容或许丰富了，学生的学习方式、教师的教学方式和师生的互动方式却没有较大的改进。相关规定虽然就教学模式提出了新的建设思路，但一些教师仍把多媒体教学简单地理解为在传统的教学方法和教学模式中加入多媒体等现代教学技术手段，忽略了对相关现代教育思想理论的学习，只是“用新瓶装旧酒”，片面地追求形式，未能根据新的教学要求去更新教学方法和精心设计多媒体教学手段辅助下的新的教学模式。

（四）传统教学模式的局限

高校英语课堂教学的一般特点与模式仍然是“知识中心”和“讲授中心”。换言之，教师是知识的传授者，学生是知识的接受者。这种以教师为中心的传统教学模式存在着诸多弊端。

传统课堂教学模式无法有效地激发学生的学习兴趣和创造性等非智力因素。从目前高校英语教学的环境、条件和现状来看，“教师中心”的教学模式依然在不同学段存在，并且严重影响了学习者的学习效果。在高等教育的改革与发展中，高校课堂教学模式的改革一直是一个为人们关注但同时又令人深感忧虑的问题，因为高校课堂教学中的部分理论脱离实践、忽视学生个性、照本宣科式地讲授教材、不利于人才培养等老生常谈的问题一直悬而未决。在“教师中心”的教学模式下，学生的语言能力主要通过以教师为中心的课堂听写、提问、讲解、举例类推等方式和布置学生完成预习、复习、书面作业等任务得到强化，着重听、读、写、译，兼顾口头表达，不增加或很少增加课本以外的课后练习。高校英语教学采用“批量生产”的方式，遵循一个教学大纲，采用一本教材，接受相同的考核。教学中强调教师和书本的权威性，教师是整个课堂的控制者和操纵者，学生只是被动地接受教师所传授的知识，整个学习过程成为学生对教师所讲的知识进行记忆和消化的过程。由于课堂人数众多，课堂上针对语言知识点的实践练习不充分，以教师为中心的课堂英语教学模式注重语言形式的传授，强调对语言规则的解释、理解和操练，忽视了让学生自己到语言实践中通过听、说、读、写等方式去大量接触、运用和归纳语言规则，这就使得课堂教学给学生提供的可理解性语言输入的量不仅十分有限，而且质量不高。另外，这一教学模式极少关注学生的社会文化背景、知识水平、认知方式、学习需求和能力的差异，加之教学方法单一、课堂气氛沉闷，导致学生的学习兴趣和动机等非智力因素得不到有效激发。

传统课堂教学模式一定程度上有碍于学生的学习自主性的激发。21 世纪，人们越来越关注“信息技术迅速发展背景下教育的发展和变革”这一关键论题，如何将现代媒体技术应用于教育教学领域、把握现代媒体和英语教学的关系、使现代媒体技术服务于教学成为教育界关注的重点。现代教育技术的发展为学生提供了更为丰富的学习资源，为实现个性化的自主学习创造了条件，同时也对学生的学习能力提出了新的挑战。成功的英语教学应能激发和保持学生的学习兴趣，使其获得足够的目标语输入和交际实践的机会，并教给他们相应的学习策略，从而培养学生自主学习的能力。然而，一些院校仍延续传统的课堂教学模式，这种模式以教师为中心，以备考为导向，无法满足学生获得足够的语言输入和交际能力的需求。传统的以教师为中心、以传授知识为主的英语教学，是一种求同的、强化顺从性质的教学。学生的学习主动权在教师手中，学生只能被动地按照教师编制好的学习程序学习，问题也往往只能有一个标准答案，似乎放开限制会在一定程度上削弱教师的“权威”。这一传统教学模式不但不能培养学生的学习自主性，而且在无形和有形中会抑制学生原有的自主性。

另外，新技术网络工具的介入使高校英语课程发展和教学出现不同于传统高校英语教学模式的新特征。计算机网络与英语课程的整合打破了“教材为知识的唯一来源”这一局限，教师也不再是学生与知识的唯一连接点。在网络环境下，高校英语课程教学中的学习内容、教师、学生等主要方面都被赋予了新的内涵。因此，构建新的高校英语教学模式成为当下高校英语课程教学改革研究的必然。

二、高校英语教学模式改革的理论基础

高校英语教学模式的改革主要体现为教学理念、教学方法和手段等方面的转变。鉴于以教师为中心、单纯传授语言知识和技能的英语教学模式给英语教学带来的负面效应，要改革传统的教学模式，以基于计算机和课堂的英语多媒体教学模式为新的高校英语教学模式。多媒体网络技术在英语教学中发挥重要的辅助作用，但教学理念对组织课堂教学模式的重要性也不容忽视。一般认为，建构主义思想是高校英语教学模式改革实践的重要理论基础。建构主义是学习理论中由行

为主义到认知主义的进一步发展，其基本观点是强调学习者基础与世界相互作用的经验及意义，积极建构自己的知识。在建构主义学者看来，学习是一个意义建构的过程，而不是对知识的记录和吸收；学习者是意义建构的主体，学习依靠人们已有的知识去建构新知识；学习既是个性化行为，又是社会性活动，学习需要对话和合作；学习高度依赖于产生它的情境。与此同时，建构主义也强调以学生为中心，要求学生由外部刺激的被动接受者和知识灌输对象，转变为信息加工的主体、知识意义的主动建构者，要求教师由知识的传授者、灌输者，转变为学生主动建构意义的帮助者、促进者。因此，基于建构主义的教学模式应重视四种学习方式，即自主式学习、探索式学习、情境式学习和合作式学习。在教学过程中突出强调学生对知识的主动探索、主动发现和对所学知识意义的主动建构。

（一）高校英语多媒体教学模式的建构

建构主义理论为多媒体网络教学实践提供了强大的理论支持，而多媒体网络教学则是贯彻建构主义学习思想的较为先进的教学模式。计算机网络的迅猛发展以及信息化手段的广泛应用，使教学活动可利用的时间及空间得到了极大拓展，全球互联网提供的数量巨大的教学资源也给英语教学新模式的构建增添了多种可能。如何基于建构主义的教学理念有效地发挥计算机网络教学的优势，处理好课堂教学与计算机网络教学之间的关系，成为英语教学的核心问题。有学者指出，为了顺应这种变化，在多媒体教学模式中，英语教学应分为课堂教学和计算机网上自学两种相互补充的方式。多媒体教学不是提高教学效果的唯一途径和手段，教师不能一味地追求现代化的教学手段而完全放弃传统的教学方法。目前，在我国高校英语教学中，全面推广基于计算机网络的自主学习模式的条件尚不成熟，单纯凭借这种新教学模式很难解决当前高校英语教学中的突出问题和矛盾，无法马上担负起高校英语教学改革赋予的历史重任。应结合高校英语课程设置，对高校英语课程进行科学合理的整合，确保高校英语教学质量得到逐步提高。

（二）建构主义理论和多媒体、网络技术的结合

在建构主义者看来，知识是人们永无止境探索的结果总和，而不是一成不变的真理。建构主义对现代教学理论的冲击在于它动摇了客观主义的知识观。教师不能把现成的知识教给学生，只能引导学生主动探究，让学生掌握学习和解决问题的方法，成为一个自主的学习者和知识的创造者。高校英语教师不但要传授语

言知识，还要承担帮助学生掌握英语学习方法和学习策略的重任。在高校英语教学中要确立以学生为中心的理念，培养学生的自主学习能力和终身学习能力，发挥他们英语学习的主动性，使其在使用英语完成各种交际任务的过程中建构英语语言知识，提升英语应用能力。此外，高校英语教师不仅要传授语言知识，还要承担帮助学生掌握英语学习方法和学习策略的重任。教师在英语教学中应采用各种方法和手段，帮助学生培养对语言的认识，使英语教学不仅在课堂中进行，而且将其延伸到课外，为在高校英语教学环境中实现从“学习英语”到“用英语学习”的课程转换创造条件。

（三）教学模式的建构原则：以学习者为中心

根据有关文件中提出的关于英语教学改革的指导思想，高校英语教学模式应从传统的纸笔模式转变为以计算机（网络）为载体的课堂教学和学生自主学习相结合的模式，学生的学习模式是教师教、学生学、网络辅导的三位一体的模式，并且在教学中应体现出以学习者为中心的思想。建构主义思想作为高校英语教学模式改革实践的重要理论基础之一，指出学生不应简单、被动地接受教师输出的或书本提供的知识信息，而是要靠自己主动建构知识意义。但是传统的教学模式无法实现这一目标，因为传统教学模式是以教为主，即教师根据自己对教学内容的理解备课讲课，并且习惯于讲精、讲细、讲透；学生则习惯于机械地理解记忆，教师与学生的交流和互动极少，学生学习的积极性、主动性没有充分发挥出来。同时，现代网络技术的介入对传统教学模式形成了一定冲击。学生可以借助现代多媒体设备，根据自身知识的组成情况，选择配套的网络课程学习，这就使英语教学不再受时间和地点的限制，而朝个性化学习和自主式学习方向发展，因此教学模式必须围绕学生的实际需求作出相应改变。在英语教学中，实现此转变的目的在于教师要放弃自己在教学过程中的绝对主导者角色，转为学生自主学习、自我思考、自我发现的促进者，指导学生在多媒体的网络环境下主动、积极地学习英语，最大限度地发挥他们的潜能。

建构主义理论的核心是以学生为中心，强调学生对知识的主动探索、主动发现和对所学知识意义的主动建构。在建构课堂教学和计算机网上自学的教学模式时，计算机网络环境下的课堂教学模式与自主学习模式应结合教学的现实要求，遵循建构主义教学理论。在课堂教学过程中，教师应该避免单纯的知识点教授，要充分利用开放的网络资源和网络交互技术，融知识教学与培养学生综合能力于一体。课堂教学是在一个相对单一、闭塞的环境中进行的，教师应充分利用现有条件，拓展教学空间，设计课堂知识点操练环节，尽可能多地开展师生之间的课堂互动交际，在实际操练中进行语言知识教学，帮助学生成为学习的主体，并设计真实、复杂和开放性的语言学习环境与问题情景，驱动并支撑学习者探索、思考与解决问题的活动。同时，教师也可以在课堂上利用多媒体手段，如播放幻灯片或与学习主题相关的影像资料，使文字信息与图像信息相互交融，在激发学生学习积极性的基础上，扩展课堂知识点。

网络多媒体手段使学生利用计算机网上自学成为可能。网络信息直接指向学生，学生成为学习的中心，他们可以“控制”学习媒介和课程的程序，可以自主选择学习的时间、地点和内容，且学习是非线性的和无连续性的，不再局限于传统的课堂学习。教师根据特定目标和特定学生，设计不同的网络课程任务，因材施教。学习者借助计算机的自主学习就不再需要中间环节，可以完全依据自己的兴趣、爱好和对自己未来设计的需要，自主、自由地选择学习内容。网络提供的超媒体、超文本信息，以及跨学科、跨时空和面向真实世界的链接，构建起使学习者走出高校英语课堂、融入社会实际英语使用情境的内容体系，能更好地保证学生的自主学习质量。由此可以看出，随着现代多媒体教学手段的介入，新的课堂教学模式和计算机网上自学模式在建构主义的影响下被赋予了个性化、自主化和协作化等特点，这是更符合现代人才培养需求的变革，也是相关要求在多媒体教学中的体现。

（四）教学模式与多媒体网络技术的结合

教学过程应是教师与学生交流与互动的过程，是教师与学生、学生与学生、学生与社会的互动过程。以现代教育信息技术为基本手段和途径，新的高校英语教学模式包括学生、教师、教学信息、学习环境四个要素，这四个要素相互作用、相互联系，形成稳定的网络多媒体教学模式。

（五）多媒体网络技术下的自主学习

多媒体网络技术影响下的教学模式突破了传统课堂教学的时空限制，创造了现代化的教学环境，构建了一个无限开放的教学空间，淡化了“教”，强调了在现实环境中的“学”。教师规定学习任务，学生自主掌握学习进度和选择语言项目。学生通过自主学习，查漏补缺，将旧知识与新知识联系起来，在原有旧知识的基础上增加、积累新的知识。在多媒体网络自主学习的环境下，学生可以在任何地点、任何时间开展学习。教师可以在校园网上建立有关英语学习的网页，为学生提供英语新闻、英语论坛等栏目，学生可以根据自己的语言水平、兴趣和学习风格自行选择学习内容。网络课程的最大特点是利用现代化技术，通过为学习者创造优化的网络自主学习环境来注重学习者的个性差异，充分调动学习者自身的积极性，挖掘学习者自身的学习潜能，最大限度地开发学习主体的主观能动性。网络环境中学生进行的是个性化的自主学习和协同学习，可以按自己的知识结构和需要选择相关的知识内容进行学习；可以支配自己的学习时间、过程和空间，设定学习目标，并根据需要作出调整，决定学习进度；可以按自己的水平和需要自由选择不同级别和水平的学习材料，或侧重词汇、语法，或侧重听说训练，从而达到强化自己所学知识和所掌握技能的目的。

多媒体网络技术对探索式学习具有激发性。语言学习是积极体验的过程，它要求学生去探索和建构语言的意义，因此语言学习应该是一种非程序式的、非事先设定的活动。建构主义侧重于以学习者为中心，开展发现式学习和探索式学习，让学生在某一特定的语言环境中自行体会和发现，使学习成为一种自然的行为活动。在网络环境中学习，学生的学习过程不再由教师统一控制，不再像课堂教学那样强调集中思维、求同思维和正向思维。学生具有很大的自由空间，在学习中能更多地进行主动的学习和培养独立的思维，因此除了消化和吸收所学知识与经验外，这种方式更加看重创造性学习。网络的开放性和多元性特征为学习者提供多种选择的可能，使人的思维得以激活，从而激发出创造的欲望。学生在借助计算机完成自主学习的过程中，要去寻求、研究，进而建构语言的意义，这就是一种探索式学习。新学习模式、新知识的开放也促使学习者通过不断的学习来更新、改变思维结构，在没有教师的情况下，学生要学会自主安排学习时间，学会独立使用网络教学资源，自主分工合作完成教学任务，从而形成一种不断探索、创新的思维模式，发挥自身的自主创造性。学生有了这样的资源，再具备妥善处理这些信息的意愿，就可以真正实现培养自我探索式学习的目标。

多媒体网络技术有助于情境式学习。在真实的语言环境中学习，学生感知的语言才会更加具有完整性和意义。一方面，这些丰富的语言学习素材因丰富多彩而大大激发了学生的兴趣，吸引学生积极主动地参与学习，引导学生在网上“畅游”，利用计算机教学软件自主视听或观看原版英语电影，以亲身的探索经历构建坚实的图式基础，在网络创设的语言情境下建构自己的目标语知识，达到语言学习的目的；另一方面，学生可以通过网络随时下载有利于创造情境的资源，丰富高校英语的课堂教学。这可以引导学生通过网络培养阅读、听说、写作等技能，强化批判性和创造性等高级语言的思维能力，将全球的知识信息连接起来，提供一个巨大的教学资源库，把娱乐性、参与性强的网站引入教学内容之中，充分调动学生的各种感官。此外，英语电视、英语新闻和各类国际活动的英语直播，特别是越来越多的巨型电视英语中心的建立，都为语言学习创造了极好的情境，保证在较真实的英语环境中全面培养学生各项英语语言技能，在现实的语言体验中内化语言知识，形成并不断提高综合的语言应用能力。

多媒体网络技术有助于合作式学习。在网络环境下，以计算机为核心的现代教育技术、教师、学生应构成一个生态化的高校英语教学环境，使三者在整合的教学情境中相互作用、相互补充、相互转换。建构主义者认为知识是在行为活动或经验中建构的，是逐步显现的、情境化的，学习就是用知识建构解释世界和阐明建构意义。语言教学过程不是一种单纯认识和传递知识的过程，而是通过语言建立师生之间的合作关系、对话关系。在对话过程中，师生各自凭借自己的经验，用自己独特的表现方式，实现知识的共同拥有与个性化的全面发展。课堂不再是教师唱独角戏的舞台，不再是学生等待灌输的知识接收站，而是师生之间双向互动的平台。随着多媒体网络技术的介入，教学中的对话已不限于师生之间、生生之间语言的应答，师生互动课堂、生生互动“社区”、生机互动“在线”等教学环境的创建应运而生。在课堂、学生课外活动场所、网络虚拟空间三维环境中进行的师生、生生、生机间的英语互动活动中，教师的作用是引导、促进、协调，而学生作为活动的主体，通过探索、实践与合作，在做中学、探中学，逐渐完成对语言使用规则的认知和外化。在课堂上，教师可以让学生分组完成专题的准备和讨论，所有学生均被要求参与某一专题的准备和陈述，并设置自由提问环节，教师在整个讨论过程中起引导作用。多媒体网络教学环境为师生、生生之间提供了多种形式的语言交互途径，网络教学中的协作学习、小组讨论、在线交流等学习模式也使师生之间、生生之间通过交流信息实现互动合作，从而实现真正意义上的人机、人人互动。这样的教学模式转变不仅是因采用了多媒体技术而引起的教学手段的转变，更重要的是它引发了英语教学理念的一场变革。与传统的课堂模式相比，多媒体教学优化了英语教学资源的环境，提高了个人的学习效率和教学效果。多媒体教学模式不仅运用先进的技术手段提高了教学效率，更重要的是改变了以教师为中心的传统教学模式，形成了以学生为中心的个性化学习方式，改变了师生角色。更注重“学”而不是“教”的全新教学模式对于发展和培养我国学生迫切需要的英语综合应用能力和独立自主的学习能力具有深远意义。

三、高校英语教学方法

英语教学法是把运用目标语进行有意义的交际作为学习语言的一种方法。长期以来，英语教学界最为重视的就是英语教学法。因为在其他条件等同的情况下，不同的教学方法会导致完全不同的教学效果。随着时代的发展，外部整体的学习环境发生了很大变化，教学模式也作出了相应改革，学生可以不再像以前那样完全依赖学校或者教师的授课，英语学习朝着个性化、主动式方向发展。教学中若没有相应的教学方法，就不能很好地传授教学内容，教学目的也就难以达成。近年来，我国的高校英语教学取得了很大的进步，主要表现为英语教学改革初见成效、教学设施得以改善、高校学生的英语水平在逐年提高。在高新技术迅速发展的今天，社会对于英语人才的要求越来越高，不仅要有扎实的语言知识，还要具备良好的综合素质和交际能力。为此需要改革某些陈旧的教学方法，创设新的教学方法，寻找最优教学法。

最优教学法就是适应特定的社会环境、教学环境、教学对象、教学目的要求的教学法，目的是在充分发挥现有条件的基础上达到最好的教学效果，而不是追求统一的、唯一的方法。任何教学法都有其产生的特定背景，并不能服务于所有的教学目的，也不能适用于各种学习阶段，能达到最好的教学效果的方法就是最优教学法。各高校在选择教学法时，要充分考虑学校的教学环境、教学设备、学生整体水平以及师资力量等客观因素，结合教学目的与任务、教学内容、教学组织形式等教学基本成分，对现有的英语教学法实行重新组合搭配。

（一）高校英语传统教学法

英语教学法是英语教学过程中的一个重要成分，是为完成教学任务，研究教师怎样教、学生怎样学以及师生相互作用所采用的方式、手段和途径。英语教学法是一定历史背景和社会环境的产物，是由不同教学阶段以及教学要求决定的。不同的英语教学法产生于英语教育改革的实践，受制于英语教育的目的。不同的英语教学法并非相互对立的，而是长期相互依存的，各类教学法在见解方面相互借鉴，在理论内容上互相融合。

一方面，英语教学法总是处于批判、继承、发展、创新的过程中。正是这种历史继承性使综合与折中的趋势有了存在和发展的可能；另一方面，高校英语改革是与时俱进的，是时代发展的要求。因此，可以说高校英语教学改革不是照搬外国的理论，而是以高校英语教学方法的运用现状与时代要求为立足点，选择一种既符合高校英语教育教学现状又符合时代需要的英语教学方法。由于受不同语言学基础和心理学基础的影响，早期传统教学法往往比较注重对语言结构和语言规则的掌握，而相对后起的一些教学法，如交际法，则比较注重对语言意义和语言功能的掌握。我国高校英语教学中正在使用的、有代表性的几种方法为语法翻译教学法、情境教学法、交际教学法、任务型教学法、直接教学法。

语法翻译教学法始于 18 世纪，是随着现代英语进入学校课程而形成的第一个有影响力的英语教学方法体系，也是我国早期高校英语教学主要采用的方法。语法翻译教学法强调学生母语在教学过程中的重要作用，强调母语和英语的共同使用，认为将母语与英语的异同点挖掘出来，有助于学生更加明确地理解英语。现代语法教学法主张以语法为语言的核心，语法是英语学习的主要内容，教师只需具备英语语法基础知识和母语与英语的互译能力就可在语法理论的指导下开展教学。课堂教学以教师讲解为主，学生被动接受，让语法为阅读教学服务。语法翻译法把口语和书面语分离开来，把阅读能力的培养当作首要的或唯一的目标，因此，语言知识的提高、词汇的理解、语法的变化成了课堂的教学重点。在教学中，翻译既是手段又是教学目的，对语法学习的强调、对理性知识的重视，加深了学生对目标语言的理解，对阅读、翻译、写作等方面的培养行之有效，但是仅围绕语法规则进行记忆与机械操练，学生运用英语进行口头、书面交际的能力仍然比较薄弱。

情境教学法也叫视听法，主要针对听说法脱离语境、孤立地练习句型，影响学生有效使用语言能力的问题。情境教学法是教师根据课程描绘的情景，创设出形象鲜明的投影图画片，辅之生动的文学语言，并借助音乐的艺术感染力，再现课文描绘的情景，师生就在此情此景之中进行一种情景交融的教学活动。在情境教学法中，语言被看作与现实世界的目标和情景有关的有目的的活动。这种方法能激发学生学习英语的积极性和热情，帮助学生更为准确和牢固地完成对于英语知识点的记忆。通过获得有价值的感性材料，可以实现英语教学理论与实践的有机结合，为英语的语言知识学习提供良好的条件。但是情境法的不足之处是在运用过程中，强调通过情景操练句型，在教学中只允许使用目标语而完全排除母语，这不利于学生对语言材料的理解和运用。教师若过分强调整体结构感知，就无法保证学生对语言项目的清楚认识。

交际教学法也叫“功能法”或“意念–功能交际法”，其定义的交际能力不仅应包括语言知识，还应包括语言运用能力，尤其应该注意语言运用的得体性。它包括对交际时间、交际场合、交际话题、交际方式等诸多因素的灵活把握和运用。交际教学法使语言教学观发生了革命性的变化，在英语教学中发挥了巨大的作用。它提倡以语言功能项目为纲，强调在语言运用中学习语言，从而实现培养交际能力的教学目的。交际教学法在师生共建的课堂互动模式中给学生提供了更多使用语言的机会，在继承传统教学法合理成分的基础上，将提高学生运用英语语言的能力作为学习的目的。它强调交际的过程，认为有没有具体的目标和明确的结果并不重要。交际教学法认为语言是实现交际目的的手段，但是仅仅具有听、说、读的能力并不一定就能准确地表达意念和理解思想，因为语言的交际功能受制于语言活动的社会因素，教学过程必须交际化，这就意味着要尽可能避免机械操练，而应该让学生到真实的或接近真实的交际场合中去练习，感受情景、意念、态度、情感和文化修养等因素是如何影响语言形式的选择和语言功能的发挥的。因此，教师应借助课堂或者多媒体教学，多为学生创造、提供交际情景和场合，在真正意义上实现“用语言去学”和“学会用语言”，而不是单纯地“学语言”，更不是“学习关于语言的知识”。

任务型教学法是在交际法被广泛采纳的情况下产生的，它是交际法教学和第二语言研究两大领域结合的产物，代表了真实语境下学习语言的现代语言教学理念。任务型教学法是通过教师引导学习者在课堂上完成任务来进行教学的方法，强调“在做中学”，是交际教学法的延伸和发展，教育的重心从教科书和教师转到学生，教师引导学生在各种语言任务中学习。在课堂教学活动中，教师围绕特定的交际项目，创设出目标明确、可操作的任务，学生通过表达、交涉、解释、沟通、询问等多种活动形式完成任务，达到掌握语言的目的。任务完成的过程就是巩固旧知识并且学习与运用新的语言知识的过程，从而达到学习语言和掌握语言的目的。任务法综合了多种教学法的优点，和其他教学法互相补充、相互完善。通过完成多样化的任务活动，学生的学习兴趣被激发出来，语言技能水平得到提高，语言知识得到充实，这对培养学生的语言综合能力大有裨益。任务型教学法与传统的语言操练完全不同，充分体现了以学生为中心、以实现语言运用为目的的教学理念。

直接教学法是力求在英语教学中创造与儿童习得母语的自然环境相仿的环境，并采用与儿童习得母语的自然方法相一致的方法。外国学者认为语言是一种习惯，学习一种语言就是培养一种新的习惯，习惯的养成是靠反复使用形成的。因此，直接教学法主张不依赖学生的母语，通过思想与英语的直接联系来教英语。它主张英语教学应以语音训练为主，掌握语音是学好英语的关键，语音训练应充分利用音标。直接法强调建立英语同母语与实际的直接联系，以培养学生使用英语思维。这就为英语学习提供了一种生动活泼的学习方法，有利于激发学生的学习兴趣，促进学生积极参与课堂教学活动。教师每讲授一个新词语，应把该词语所代表的事物、意义及客观表象直接联系起来，不是先学习语言规则，而是先模仿着说；让学生先实际掌握语言材料，再根据他们积累的感性语言材料总结出语法规则，用以指导以后的学习。直接教学法重视听觉感知和听觉记忆，对于培养学生的语音语调，特别是在培养学生的活动能力方面效果明显。这样，它通过提出先听说后读写的教学要求，把语言听说教学提高到前所未有的重要地位。

（二）当前高校英语教学法存在的问题

通过对我国高校英语教学现状的调查发现，虽然各种教学法流派对传统教学法产生了很大冲击，但以语法翻译法为代表的传统教学法影响力依旧较大。语法翻译法在中国语言教学中存在的基础是其合理性、可行性和有效性，但这并不意味着它是最好的和最合适的。因为过分强调语言知识的传授，忽视语言技能的培养，容易导致语音、语法、词汇与课文的阅读教学脱节，并且教学方式往往比较单一，课堂教学不活跃，不易引起学生的兴趣，也不利于培养学生的综合英语能力；而情境教学法在教学中未能恰当地发挥母语在英语教学中的积极作用，对母语予以完全排除，过分强调目标语的使用，这不利于学生对语言知识点的彻底理解；交际教学法通过恰当的语言输入和有意义的课堂互动帮助学生习得语言、提高学生的听说能力，但是由于不提倡单纯的语法解释，因而无法保证语言表达的准确性，而且对于英语教学中重要的读写能力有所忽视；任务型教学法通过完成各种各样的学习任务来激发学生的学习兴趣，将知识与技能结合，有助于培养学生的综合语言运用能力，但是课堂的组织和任务的设计过分依赖教师的能力和教学水平，而且在大班教学中如果难以保证任务的完成，课堂效率就会偏低，并且无法有效监督学生的个体表现；直接教学法在英语教学中偏重经验、感性认识。任何一种方法都有其优点和缺点，因为它们都是某一个时代的产物，反映某一时期的英语教学需要。随着社会的发展、人们英语学习的多样化，现在仅靠一种方法是无法达到目的的。因此，高校英语教学法的选择应借鉴当今较有影响的几种英语教学法，博采众长，在充分吸取教育学、心理学、语言学、第二语言习得等领域的研究成果的基础上，充分考虑英语学习的特殊性、师资水平等，针对学生学习英语的特点、目标和环境，探讨和设计出符合不同水平层次学习者需求的教学方法，各种教学法的优化融合可能会成为未来中国高校英语教学研究的趋势。

（三）教学活动中多种教学法的综合运用

高校英语教学在方法上越来越趋于多样化、折中化、本土化、学生中心化和学习自主化，这些变化促进了我国高校英语教学的改革。英语教学是一门实践性极强的课程，它需要一定的知识传授，但更需要活泼、较为真实的课堂教学氛围，以及作为英语学习主体的学习者的积极参与和大量的交际实践。教师的“教”和学生的“学”是教学的两个重要环节，需要教师和学生共同参与。如何在师生共建的课堂互动模式中有意识地创设各种语言环境，积极调动学生学习英语的积极性，让学生正确地使用英语去表达、交流思想和传递信息，是英语教学法要解决的首要问题。但是英语教学法的运用不是固定的、排他的，这就要求教师在教学过程中灵活地选择有效的英语教学法。在以计算机、多媒体和网络为辅助手段的基础上，将不同的教学法穿插使用，可以有效地调动学生学习英语的主观能动性，有助于教师及时对教学过程进行调控，同时可以加强学生与教师之间的有效沟通，帮助学生更好地提高自身的语言能力。教师对教学法进行选择时应注意兼顾几个原则：知识的体系性、任务的多样性、情境的真实化。

四、高校英语的教学手段

教学手段是构成教学系统的重要因素之一，是为了实现预期的教学目的，师生教学相互传递信息的工具、媒体或设备。有人指出，高校英语教学应尽可能地为学生创设自主式学习环境，体现个性化教学，将多样化和立体化引入传统的英语课堂，这些要求对高校英语教学提出了新的挑战。高校英语教学需从调整教学观念及教学手段等方面入手，重新审视并合理运用传统教学手段和现代化教学手段，使教学以更快的速度、更高的效率，最大限度地激发学生的学习动力、开发学生的潜力，以保证新形势下高校英语教学的质量。

现代信息技术的应用和普及，尤其是多媒体技术和网络技术的结合，为英语教学提供了强大的技术手段，特别是多媒体英语教学软件的出现使英语教学变得生机勃勃。在教学中充分利用以多媒体技术为核心的现代教育技术是高校英语教学改革和发展的必然要求，是各高校英语改革的主要方向。传统的英语教学模式主要是面对面的单向式课堂教学，多媒体网络教学以其形象性、生动性、先进性、高效性等特点弥补了传统教学的不足，成为现代化教学中被广泛采用的一种重要手段。

（一）现代化教学手段的利弊

现代化的多媒体教学手段集声音、图像、视频和文字等媒体为一体，具有形象性、多样性、新颖性、趣味性、直观性、丰富性等特点。它可以根据教学目的、要求和教学内容，创设形象逼真的教学环境、声像同步的教学情景、动静结合的教学图像、生动活泼的教学气氛。它是现代科学技术的发展在教学中的反映，具有直观性强、智能化的特点。多媒体可以用来设计全新的整体教学过程和交互性、个性化的训练方式，促使教学过程发生根本变化，形成教师、学生、教材和教学方式的新组合，为语言学习者提供一个良好的视觉、听觉交互式语言环境，起到其他教学手段无法比拟的教学效果。与传统的教学手段相比，多媒体辅助教学有着明显的优势。多媒体是集图、画、视频、音频、文本于一体的教学手段，它从视觉、听觉与感觉等方面同时刺激神经系统，使学生动脑、动眼、动嘴、动耳、动手，开展积极的思维活动，提高语言交际能力。教师在多媒体教室使用现有的多媒体软件，通过动态过程的演示和模拟情境，将知识以图文并茂的形式展示出来，通过形象逼真、色彩鲜艳的画面和生动有趣的形式充分刺激学生的多种感官，使单调的书本知识形象化、具体化，极大地激发学生学习的兴趣，为学生参与听、说训练创设良好的气氛和环境。同时，学生可以借助计算机，根据各自的喜好选择不同的学习内容，既可以听单词、进行课文的朗读，也可以通过虚拟课堂讨论、角色扮演、游戏等来培养自身的英语思维能力，从而有效地提高英语的实践能力。

现代化教学手段能够增大课堂信息容量，提高授课效率。课堂教学中引入多媒体课件，可以增加课堂信息量，大幅度降低教师的劳动强度，提高课堂效率。

传统课堂教学需要教师写板书、学生记笔记，教师与学生的劳动强度都较大。计算机多媒体技术的发展为教学提供了强大的技术支持，教师可以运用计算机事先准备好授课内容，制作汇集大量文本、图形、图像、视频、音频资料的课件，这样就能充分地利用课堂时间。多媒体课件包含的信息量大，以其信息和数据表达的多样性，调动学生多种感觉器官参与学习，更增强了学习的趣味性，从而提高了授课效率。相较于传统教学而言，在同样的时间里，多媒体教学可以呈现更多的信息，因为其节约了教师写板书的时间，降低了教师的劳动强度，使教师在单位时间内能够向学生传递更丰富的知识，而且可以有效地压缩课内教学学时，给学生以更多的讨论、小组活动、师生互动的时间。教师也可在课后将课件上传到校园服务器上，供学生随时查阅，这无异于给学生提供了一本完整的课堂笔记，从根本上解决了学生上课时听与记之间的矛盾。

（二）多媒体教学手段的不足

高校英语教学是一个集多种教学模式和教学手段为一体，以英语语言知识与使用技能、学习策略和跨文化交际为主要内容的教学体系。多媒体教学可以把各种媒体和教材中的资料都整合到高校英语教学中。现代化教学手段虽然是一种先进的教学手段，但是目前它还不能完全代替传统教学活动，因为多媒体教学手段在英语课堂教学中主要是起辅助作用的，不能本末倒置。在具体的教学实践中，现代教学方式中的问题也逐渐显露出来。

多媒体课件过于注重形式，而真正用于教学的内容反而很少。在多媒体网络教学中，教学课件起着重要的作用，它的优劣直接影响着教学效果的好坏。部分教师在制作课件的过程中，过分注重形式，加入过多的图像、动画，结果教学过程出现主次不分、杂乱无章的现象，导致学生上课时一味欣赏课件中的图案和动画效果，而忽略了教师的讲解和重要的知识点。

多媒体和网络的使用给学生提供了自主学习的机会，锻炼了他们的创造性和主动性，然而在这一过程中，由于缺乏教师的监督，学习效果在很大程度上取决于学生的积极性，难以保证教学质量。在传统教学中，学生基本能跟着教师完成教学任务，教师对于学生的表现可以实时监控，教师的警示会约束学生走神，教师的暗示会启发学生的联想思维。但是现代教学手段由于强调学生的自主学习，教师的主导监督往往不起作用，学习自主性较差的学生不能得到较好的约束管理。另外，多媒体课件上的学习内容繁多，学生往往分不清学习的主次，加之缺少有效的监督和管理，学生常因无法检索自己所需的资源而影响学习。

因此，鉴于我国英语教育师资配备、教学配套设施的建设和完善程度，单纯凭借现代教学手段是无法保证高校英语教学的顺利开展的。为了提高高校英语的教学质量，在教学中就要将多媒体教学与传统教学相结合，各取所长，充分发挥传统教学手段和现代化教学手段的优势，这样才能取得满意的教学效果。

（三）传统教学手段与现代化教学手段的运用

教学手段是教育者通过教学内容联系教育对象的桥梁，是教学主体与客体交流教育信息的物质基础。教学手段的运用直接影响师生之间信息传递的质量与效果，进而影响教育对象的思维发展。随着现代科学技术的发展，教学实践条件发生了变化，多媒体教学得到越来越多的重视和应用。传统教学授课形式较为单一且趣味性不强，但是传统教学手段在高校英语教学中表现出的优势对于提高英语教学水平无疑是有积极的促进作用的。因此，针对传统教学手段和多媒体教学手段各自的特点，教师在教学过程中应重新审视如何合理地运用两种教学手段并作好整合，以提高高校英语教学的质量。

传统教学手段主要是借助于文本教科书、挂图、教师的大脑等记录、储存教育信息的。教师备课认真，讲课内容丰富，讲课有条理；学生通过观察教师的表情、动作等肢体语言，可以领会教师的用意，从而有助于知识的消化和吸收。与现代教学手段相比，以“粉笔＋黑板”为标志的传统教学手段虽然过于费时、形式比较单一，但却是在长期的教学实践中保留下来的一种传播知识文化的方式。它在加强师生之间的互动关系、调动学生积极思考、通过教师的肢体语言传达给学生直观的感受等方面发挥着巨大作用，其特有的教学效果是现代教育技术难以替代的。

现代教学手段以信息处理的高速度、高容量、多媒体和交互性，极大地提高了教学效率，这就从根本上改善了高校英语教学的环境，可以极大地丰富传统的教学手段。二者互相补充、扬长避短就可实现教学手段的优化整合，为英语教学提供新思路，从根本上改善传统教育中存在的问题。

多媒体教学作为重要的现代化教学手段，在高校英语教学中受到重视并得到较为广泛的应用。但是过分夸大计算机辅助教学的功能，以计算机来完全代替传统的教学手段是不现实的，因为多媒体辅助教学手段仅是构成教学环境的一个重要方面，不可取代教学过程中的所有环节。在教学中要根据教学目标、教学内容以及教学对象的特点，有针对性地设计和选取教学手段，将多媒体教学手段与传统的教学手段有机结合，实现优势互补，才能提高高校英语的教学效果和质量，提高高校大学生的英语综合运用能力，为我国的社会发展和经济建设输送高素质的英语人才。

第二章　高校英语教学路径的重塑

第一节　多媒体教学模式——丰富教学手段

多媒体是两种以上计算机应用功能的结合，如文本、图形、音频、视频或动画等。多媒体教学技术系统包括硬件和软件两部分，它的输入、输出设备需要高品质的硬件支持。

一、多媒体教学的总体特点

在多媒体环境下，学生可以获得大量信息，也可以通过多媒体传递自己想要表达的信息。总体来讲，多媒体教学的优势可以概括为以下几点。

（一）从多种感官通道输入信息

就人类大脑活动机制而言，当各种信息同时刺激两个脑半球的不同区域，最终的学习效果大于各部分之和。因此，多媒体的多种感官刺激能发挥积极的作用。让大脑接受形式不同的信息，可以使整个学习活动在更广的层面开展，学习的质量和效率都会有很大改观。就学生认知方式的差异而言，多媒体能够给那些在传统教学方式下不适应的学生以更多的帮助。学习者在接受、加工信息时对视觉、听觉和动觉等感觉通道的偏重程度是不同的。视觉型的学习者对视觉刺激敏感，习惯由视觉接受学习材料；听觉型学习者偏重听觉刺激，对语言、声响、音乐的接受力和理解力强，喜欢的方式是多听多说，不太关心具体单词的写法或者句型结构；动觉型学习者喜欢接触、操作物体，对自己能够动手参与的认知活动感兴趣。多媒体提供的多种媒体信息无疑可以使不同的学习者各得所需。①

① 董祥飞，韩立群．高校多媒体教学现状及提高多媒体教学质量的策略 [J]. 产业与科技论坛，2021，20（22）：117-118.

（二）促进自主学习、发现学习、探究学习

1. 自主学习

交互作用对于教学过程具有重要意义。交互学习理论认为，儿童是在内部认知结构和外部世界相互作用的过程中，通过活动内化和建构知识的。多媒体支持交互性学习环境。在多媒体计算机的交互式学习环境中，学生可以根据自己的先前知识和学习兴趣来选择自己所要学习的内容，选择适合自己水平的练习，甚至选择学习模式。

多媒体课件不仅可以在内容的学习使用上提供良好的交互控制，而且可以运用适当的教学策略，指导学生学习，更好地体现因材施教的原则。利用多媒体电脑的强大功能，学生们不仅可以和多媒体电脑设置的虚拟人物对话，还能依据电脑的评判（包括语音、词法、句法甚至习惯用语）修正自身的错误，这对于学生表达能力的提高无疑是十分有益的。

网络技术的发展、多媒体信息的自由传输，使得教育在全世界的交换、共享成为可能。以网络为载体的多媒体课件，使教学资源的共享成为可能。网络可以完成其他教学设备无法完成的强化教学管理、保证师生交流的任务。在网络教学环境中，教师可以利用网络的广播功能完成班级集体授课；也可以通过点对点的操作与学生交流，针对不同学习程度的学生提供不同的学习内容，并且实施有针对性的辅导，形成分组教学的格局。

2. 发现学习

大多数学习者不是以线性方式来探索知识的。当他们对某一论题产生兴趣时，就会围绕这个问题的其他方面展开，把这些概念整合起来，于是就对这个特定领域有所了解。在发现学习环境中，学习者不是通过一页页地阅读教材，而是通过收集和解释相关信息获得知识的。多媒体构成了一个由学生控制的、允许学生在特定内容领域里探索和验证假设的发现式学习环境。多媒体环境使学生能够以不同智力和认知策略来学习和整合知识。这一学习环境旨在发展学生的高级思维和解决问题能力。研究者提出，多媒体环境可以帮助学习者获得在信息时代生活所必需的解决问题的技能。

3. 探究学习

在多媒体环境下，每位学习者都有可能学到不同的内容、对同一个主题产生不同的理解。教师应该引导学生表达自己的观点，让学生从多个角度思考进而解

决问题，并选择和整合各种观点。在这种情况下，学生可使用多媒体作为沟通的工具，而且多媒体系统还可以让学生用多种方式创造性地组织和交流信息。

多媒体作为认知工具，还可以鼓励学生自己开发项目。通过建构自己的多媒体工程，学生学会了选择适合的信息、选择最适宜沟通信息的媒体、把信息组织成便于探索的形式等。

二、基于多媒体的微课教学

（一）微课教学的内涵

微课是以短小精趣的微视频为主要载体，围绕某个单一知识点而开展教与学的活动。

作为一种全新的教学资源，微课是基于传统单一资源类型的教学课例、教学课件、教学设计、教学反思等发展起来的。课堂教学视频是微课的核心组成内容。此外，一些辅助性教学资源，如与课堂教学主题相关的教学设计、素材课件、教学反思、练习测试、教师点评、学生反馈等也是微课的主要组成部分。它们按照一定的组织关系和呈现方式共同“营造”了一个半结构式、主题式的资源单元应用“小环境”。

（二）微课教学的理论依据——变构学习理论

1. 对变构学习模型的解释

生物学家与科学教育专家带领 LDES 团队进行的研究和实验受到了众多英美教育研究学者的重视。在专家们看来，LDES 的研究在对复杂学习的解释方面十分实用，提出的学习发生生理机制与化学上“变构蛋白质”的结构与功能具有很多相似点。“变构学习模型”主要具有如下两个相互关联的隐喻。

第一，变构蛋白质特定的功能是由位于氨基酸序列上起决定作用的活性位点之间的关联决定的，与氨基酸序列并没有关联。由此可知，学习的发生，也就是学习者的思想（概念系统）重构，不是记录观念并按顺序排列，而是学习者主动为这些观念建立关联，并使这样的关联活化的过程。

第二，外部环境改变变构蛋白质的形态与功能。因此，学校教师或其他教育人员都是不可能直接渗入学习者个体的思维的，只有借助对教学环境的操作才能为学习者的概念系统带来干扰，以此提高学生的学习效率。

2. 变构学习模型关于学习运行的观点

（1）概念作为思考方式而存在

根据变构学习理论的观点，在成功的教学中，学习者必须具备适当的概念，同时形成可持续发展的概念系统，这样他们才能学会学习。

学习者的思维过程不可能是完全被动的记录系统。教师呈现特定的话题前，学习者大脑中已经存在一些关于这一话题的各种想法、习惯、问题等。换言之，学习者自身具有一个特定的解释系统，这一解释系统就是概念系统。这一概念系统具体由如下两大部分构成。

第一部分是学习者依据以往生活情境所形成的关于世界的心智图景，包括家庭、情感、文化习俗、自然、地理等方面的经验感知。第二部分是学习者在判断与行动过程中运用的推理方式。两部分结合起来，就可以帮助学习者从其所处的世界中获取意义。由于概念系统中包含了所有学习者对信息进行重构的方式，因此学习者运用的概念系统对知识的建构起着决定性的作用。

（2）概念系统的转换带来知识

知识的获取必然要经过一个名为“概念精制”的活动。概念精制指的是学习者借以把新信息同所调用的知识进行对照，产生对解答他们的问题更为适当的新意义，从而实现概念系统转换的手段。由该定义可知，实际上只有当学习者的心智结构实现了全面重组之后，他们才能对某一模式有一个真正的了解，或能够真正地运用某一概念。

（三）如何实施高校英语微课教学

高校英语微课的教学设计主要包括以下几个阶段。

1. 搜集素材阶段

微课是建立在特定的主题基础上的，这些特定的主题包含某个知识点、核心的概念，某一教学活动或者某一教学环节，具有明确的教学目标和内容，并且能够在较短的时间内解释清楚，并能够激起学生的学习兴趣，使其较快地掌握该特定的主题内容。

微课教学的内容可以是技能演示型、知识讲解型、知识拓展型、题型精讲型、方法传授型、总结归纳型、教学经验交流型或者教材解读型等。

与玩游戏相比，学习并不是一项有趣的活动，因此在短暂的时间内使用微课展开泛化学习是非常难得的。这就要求微课选题应该具有生动性、有趣性、准确性和实用性，形式上也要确保短小精悍。而对于那些与主题不相关、凸显主题不明显、没有任何特色的内容或活动，在设计和制作时可以摒弃，因为这些只会增加微课内容的冗余和负担，并不会起到积极的效果。

2. 微课设计阶段

要想搞好微课教学课程的设计与制作，必须要满足两个条件：一是微课教学课程的重要性；二是微课教学课程的趣味性。一般来说，前者是第一位的，学生只有明确感知课程的重要意义，才会愿意去学习，由“让我学”转向“我要学”。为了保证微课教学的有效性，在设计和制作时必须将趣味性融入进去，这样才能实现课程重要性与趣味性的完美结合。

通过对国内外微课进行分析不难发现，在进行设计时需要先对教学任务、学生特征、学习内容等层面进行分析，进而制定合适的学习目标，然后从教学环节、内容、方法等出发确定微课类型及其组成要素，最后进行评价和反馈等。在对课程内容进行选择时，设计者或者教师应该选择那些与学生生活、学习密切相关的情境，从而帮助学生解决现实的问题，让学生认识到英语学习的重要意义，激发他们的学习兴趣，使其保持英语学习的动机。所以，在进行微课教学的设计与制作时，应该尽量降低学生的认知负荷。根据认知负荷理论，学习材料的组织方式、呈现方式、复杂性以及学生的先验知识是影响学生认知负荷的基本要素。但是，由于微课具有内容短小、主题明确等特点，因此要想在较短时间内保证内容的清晰和生动，就需要将复杂问题简单化，避免给学生带来太大的压力，即适度安排原生性认知负荷，将无关性认知负荷降到最低，实现认知负荷的优化。

当微课教学完成后，对学生的学习效果进行形成性评价，对于巩固学生的知识、强化学生的认知有重大意义。因此，在微课视频的支持材料中，应该设置适量的练习题，以巩固学生所学的知识。在练习题的设计上，可以是选择题，也可以是思考题，但是都不要太多，避免给学生造成负担，这样能够让学生主动、积极地完成学习任务，并且乐意参与其中。

在进行微课设计和制作的过程中，一定要坚持以学生为中心，因为微课教学的对象是学生，微课教学是为学生服务的。具体来说，要充分考虑学生的实际需求，激发学生的学习兴趣和积极性，充分体现学生的主体地位，站在学生的视角和高度对课程内容、学习活动、各种资源进行设计和组织。

3. 微课视频制作阶段

在微课教学模式中，视频是其核心内容，大多会采用流媒体的形式将教学内容呈现出来。微课视频要尽量简短，这是与记忆的信息加工理论相符合的。

（1）微课视频制作的注意事项

在英语微课的制作过程中，应将微课视频的时间控制在10分钟左右，对教学内容进行精心选择，将教学重点突出出来，做到全面、生动，同时保证所选择的教学资源或PPT与主题之间的逻辑关联性。

由于微课教学模式的类型不同，其教学主题的导入方式也必然存在差异，但是都需要建立在准确、快速、新颖、生动、有趣的基础上，这样才能更好地吸引学生的注意力。在微课起始阶段，可以开门见山地引出主题，或者采用承上启下、设置悬疑等形式；也可以从学生熟悉的视角出发引入主题。相比较而言，后者的效果会更好。在末尾阶段，微课视频应该确保简洁明了，给学生留下足够的回味、思考的空间。这样不仅可以减轻学生的记忆负担，还能够加深学生的印象。但需要注意的是，不是所有微课教学视频都需要小结，给学生留下足够的思考空间才是必要的。

（2）微课视频制作的方法

微课视频制作的方法，主要有五种。

第一，动画讲解型。动画是按照时间顺序进行排列的图像，具有序列性。教师讲解的声音是教学过程中的时间轴，根据时间轴的位置，教师可以将教学内容中的文本变化、图像变化、数据变化等呈现出来，这就构成了一段教学动画，从而转换成微课视频。在动画讲解型微课视频的设计和制作中，可以利用二维动画来制作，将漂亮的动画型微课视频呈现出来。一般来说，任何具有过程性的、有趣的讲话录音都可以被制作成动画。

第二，屏幕录制型。屏幕录制型微课教学视频是运用多媒体课件、PPT、计算机工具或软件等教学材料，在计算机屏幕上加以显示，教师对着计算机显示的材料进行讲解，或者教师直接在计算机显示器上书写教学内容，然后再将屏幕展示的内容、点评、声音等录制下来，做成微课视频。屏幕录制型微课教学视频制作方法方便、简单，但是制作的质量存在明显的差距。最好选择在合适的时间、安静的房间，避免出现嘈杂的声音。同时，教师的讲解也需要亲切、流畅、自然，避免出现错误、翻书杂音、咳嗽、停顿等。

第三，教学录像型。教学录像型是将教师的讲课、示范、演示等教学活动运用录播系统或者摄像机拍摄下来，制作成微课教学视频。其中的教学活动可以在室内进行，也可以在室外进行，如教室、演播室、实验室、室外操场、微格教室等。

第四，视频剪辑型。优秀的微课教学视频应该如电视教学短片一样，综合地使用各种影视拍摄技巧，再加上后期的制作。在视频剪辑型微课视频中，一般需要涉及教师或主讲人的讲解、演示、示范，这能够将教师或者主讲人的主持和风采体现出来，引领教学活动。其中也会涉及师生之间的互动、实训实践或者实验操作等。

第五，多媒体讲解型。多媒体讲解型微课教学视频是利用方正奥思、Authorware、PPT 等多媒体工具，将文本、图像、动画、图形、视频等多重元素进行同步讲解，并通过直接转换，录制成多媒体课件自动讲解的微课教学视频。一般来讲，多媒体讲解型微课教学视频的质量是由多媒体课件决定的，需要流畅的讲解、清晰的画面、同步的声画以及良好的效果。并且，解说词也需要事先写好，录音的过程中要避免出现错误，声音也需要后期作特殊处理。

微课视频拍摄的方式有多种，教师可以根据自身的需求灵活选择，如可以选用数码摄像机、录屏软件录制，也可以选用智能手机拍摄。

4. 微课视频发布阶段

微课视频与相关支持材料设计与制作完成后，应该将其上传到网络。如果是为了参加某些微视频设计与制作的比赛，那么就需要上传到指定的平台，并且根据规定调整好速率、分辨率等参数，以及填写好参赛信息等。如果是为了专门的教学而设计与制作视频，那么就应该上传到教学网络平台，并且按照平台对用户的评价进行回答、反思或者作出反馈等。学生通过上传的视频进行网络学习或移动学习。在观看与学习微课视频的过程中，学生如果遇到生词或难以理解的句子，可以通过点击“暂停”“重放”按键来调节学习速度，进行反复学习，直到掌握为止；如果遇到难以解决的问题，学生也可以向教师请教，或与同学讨论，这对学生自主解决学习问题能力的培养非常有利。

第二节　网络教学模式——优化教学环境

无论是网络提供的海量资源，还是网络提供的技术支持，都能让高校英语教学进展得更加顺利。

一、网络教学的总体特点

（一）平台的开放性

信息技术为英语教学搭建了丰富的开放性平台，使师生之间的交流效率与质量都有了非常明显的提升，具体表现在以下两个方面。①

第一，电子邮件、QQ、微信等成为师生之间沟通、讨论的主要媒介，这样的方式避免了面对面交流带给学生的紧张感，从而增进了教师与学生之间的情感交流。此外，由于这些交流方式操作简便，也在无形之中增加了师生的交流频率。

第二，教师为学生安排任务、布置作业、设置目标时，可采取通知板的形式。学生向教师提问、上传作业以及与同学沟通任务的完成情况时，可以通过论坛来完成。

（二）学习信息选择性

在传统教学中，教师的经验占据重要地位，教材、参考书等作为参考资源，学习者并没有选择空间。但是，自由选择是学习者进行自主学习的关键和前提。在网络环境下，学习者不能被那些仅有的信息源牵制，需要在丰富的网络信息源中寻找学习资料。在网络资源中，学习者可以根据自身情况来设计、安排学习，从而使自己成为学习的主体。在网络学习中，学习者能够从信息的接受、表达与传播的过程中获得一种成就感，进而激发自己的自主性和学习积极性。

（三）教学管理便利性

当前，全国很多高等院校正在不断提升教学水平，因此需要投入大量的人

① 于姝媞．大学英语网络教学模式现状及未来发展趋势 [J]. 中外企业家，2018（29）：188.

力、物力、财力等来建立语言实验室。但是，这仍旧不能满足学习者的需要。网络应用于英语教学，可以使用任何一台电脑与学校的网络建立联系，从而实现学校资源的共享。事实上，这跨越了时间、空间的限制，使学习者能够随时随地地学习英语，满足了学习者的学习需求，减少了资源的浪费。因此，学校对于教师和学习者的管理也就更加便利了。

此外，在进行教学管理时，教师也需要发挥作用。教师可以将自己的优秀教案上传到网上，让学习者进行选择阅读和使用。同时，教师还可以进行在线点播，将真实的授课内容分配给各个站点，让更多的学习者受益。事实上，这缓解了教师短缺的情况，也便于教师对大班学习者进行管理。

（四）学习任务协作性

基于网络的英语教学还体现了学习任务的协作性。早在20世纪30年代，很多学者就指出协作学习有助于提升学习者的学习效率。分析近些年的研究可以发现，协作学习要比个别化学习、课堂讲授有更大的优势。协作学习的实质是让一些学习者合作完成某项任务，如果任务中遇到问题可以协作解决，学习者在对知识的建构中不断和同伴协调、沟通与合作，从而共同完成学习任务，也共同承担最后的结果。通过协作学习，学习者对知识会产生更深层次的认知，并逐渐构建符合自己情况的学习方式。

（五）学习过程互动性

基于网络的英语教学在学习过程中具有互动性。所谓互动性，是指将人的活动作为一种媒介来传播信息，使信息的发出者和接收者都可以参与其中，且参与方都可以编辑、控制、传递信息。互动性有助于学习者在获取信息以及使用信息时发挥主观能动作用，增加学习者对信息的注意与理解。这比传统的英语教学要实用很多，因为传统的英语教学以教师为中心，属于单向的知识辐射，要在单位时间内传输知识是具有很大的挑战性的。

在网络教学环境下，教师可以对语言学习顺序进行人为变更，随机更改操练的句型，从而更好地因材施教。同时，学习者也可以进行主动检索，查询自己感兴趣的内容和知识，而不像传统英语学习那样只能被动地接受知识。

二、基于网络的教学手段

（一）慕课

1. 对慕课的界定

慕课是一种在线课程开放模式，是在传统发布资源、学习管理系统的基础上建立起来的课程模式，又称为“大型开放式网络课程”。慕课主要由具有协作精神与分享精神的个人组织、个人将优异的课程上传到网络，供需要的人下载和学习，目的是促进知识的传播和发展。

2. 慕课的优势

（1）便于有针对性地教学

高校学生来自不同的地域，各地的教学水平存在差异，因此学生的学习能力和学习基础也高低不同。在统一的大班英语课堂上，教师很难实行一对一的教学，只能从宏观上对学生进行指导。在这样的教育现实下，很多学生追赶不上教学的进度，或者不满足于当前的教学水平。

慕课模式通过开放性的网络平台，给学生提供了有针对性的教学，便于缓解教师“教”与学生“学”之间的矛盾。同时，该模式不受时空限制，既有利于促进基础好的学生能力的发展，也有利于促进基础差的学生对知识的巩固。

（2）提供丰富的知识

我国的高校英语教学主要是围绕课堂教学展开的，面对短暂的教学时间、繁重的课业压力，课堂教学很难给学生带来充足的知识。相比之下，慕课教学模式以网络为平台，为学生提供丰富的知识，方便学生提取，不仅扩大了学生的知识储备，还提升了学生的学习效率、激发了兴趣。

（3）提升专业素养

我国的高校英语教学虽然一直在不断变革，但是总体上还是将重心放在基础知识的教学上。这种教学模式必然会阻碍学生将英语教学与专业结合起来，也就很难实现自身综合能力的提升。

受这一教学理念和教学背景的影响，很多学生忽视了英语学习，并没有意识到英语这一工具的作用。慕课能够为学生提供最新的发展评估和专业动向，有助于激发学生的学习动机和兴趣，促使学生提升自己的专业能力，解决英语学习与自己专业的问题。

（4）创设真实的语言环境

对于我国学生而言，英语是第二语言，本身缺乏语言学习的环境，学生在课堂上学到的知识很难在现实中得到应用，这在一定程度上降低了学生学习英语的成就感，对日后学生语言能力的提升十分不利。

慕课的出现能够为学生创设良好的语言学习环境，即学生可以接触真实的语言，甚至可以与世界上其他国家的人们进行交流，这有助于提升学生自身的听说能力。

3. 慕课的亮点与特色

（1）课程方面

就当前的高校英语教学来说，慕课模式改变了传统教学模式的单一状况。就师资力量来说，传统的高校英语教师资源非常有限，所讲授的课程针对性也不明确。就课程设置来说，虽然各大高校都设置选修课，但是这些选修课大多是为英语等级考试设置的。对此，慕课教学模式根据学生的兴趣和需要选择课程，大大提高了学生的注意力，从而提升了学生英语学习的质量和效率。

（2）教学方面

虽然我国各大高校都在推进英语教学改革，上课形式也不再单一，但是仍旧将教师讲授作为中心，其中穿插的多媒体也只是一种辅助形式，是教师板书的延伸而已。但是，在网络多媒体不断发展的背景下，慕课模式实现了上课方式的多样化，学生可以坐在电脑前学习，或者手拿平板电脑进行学习。

（3）评价方面

在网络多媒体教育环境下，英语慕课模式的关键在于考核方式的多样化。如果仅仅依靠传统的笔试或者论文式教学，很难将学生的实际水平测试出来。在慕课模式下，考核方式的多样化主要涉及两点：一是探索个性化考核方式，即根据不同层次的考生设置不同的测试题目；二是探索开放性的考试方式。总之，无论是个性化的考核方式，还是开放性的考核方式，其前提都是为了激发学生的学习积极性和学习兴趣。

（4）继承传统教学的优势

之前已经介绍了慕课模式的优势，但是在采用慕课模式的同时，还需要注意以下两点问题。

第一，英语慕课教学模式还有很长一段路要走，需要对教师进行培训，还需要准备与之配套的教学硬件设备。

第二，对于高校学生来说，他们自身水平存在差异，要想让不同层次的学生适应慕课模式，也有很长一段路要走。如果将所有的教学内容置于网上，那么那些本身自制力差的学生就更容易放弃，这当然是我们不愿意看到的。

因此，当前属于新旧交替的时期，教师仍旧扮演着重要角色。首先，教师应该积极探索能够激发学生学习主动性和积极性的慕课课件。其次，教师需要对学生的基本情况有一个清晰的了解，保证慕课课件内容能够被大多数学生理解和掌握。最后，教师还需要了解不同学生的自主学习能力，锻炼学生的心理素质，使他们尽快适应新兴的教学模式。

（二）翻转课堂

1. 翻转课堂的诞生

翻转课堂模式是对传统教学模式的变革，师生及教学方式在教学过程中都发生了质的改变。

在传统教学模式中，知识习得需要经历知识讲授、知识内化、知识外化三个步骤。在课堂上教师完成知识的讲授，而学生在课后任务和作业中完成知识的内化，这在前面已有所提及。但是，在当前云教育、云学习的技术条件下，学生可以通过“云课程”及媒介来展开学习，当学生在学习中遇到困难时，教师可以对其进行排解和启发，从而既保证了师生之间的平等交流，又保证了学生知识的进一步深化。简单来说，从先教授后学习转向先学习后教授，这就是所谓的课堂翻转。

近些年，翻转课堂模式在国内产生了巨大影响。作为一种基于信息技术的新型教学模式，翻转课堂模式是对传统教学流程的颠覆，这对于学生开展自主学习而言是非常必要的。作为一种新型的、成功的授课方式，翻转课堂对我国英语教学改革也大有裨益。但是，翻转课堂不属于在线课程，也不能以视频代替教师，它只是师生之间进行互动的方式，它为学生的自主学习提供了充分的空间和时间，从而使学生获得个性化的发展。

2. 对翻转课堂的界定

所谓翻转课堂模式，是指在课堂进行之前，学生利用教师给出的视频、音频、开放网络资源、电子教材等学习材料，自主完成课程内容，然后在课堂上主动参与教师的互动活动，最终完成学习任务。

翻转课堂又可以称为“颠倒课堂”，其教学过程包含两大阶段：一是知识传授；二是知识内化。在传统教学模式中，教师往往会通过课堂知识传授的形式来将知识传输给学生，学生通过课后作业的完成和具体的实践来实现知识的内化。与这一传统教学模式不同，在翻转课堂教学模式中，教师根据自己的教学计划布置课前预习的内容，学生则主动利用各种开放资源来获取知识，在课堂上与教师探讨，然后完成任务，最后内化为自己的知识。

3. 翻转课堂三部曲

根据相关学者的研究，一些学者提出了翻转课堂模式的基本流程。很多学者对翻转课堂模式进行研究，将其构成要素分为三个层面：课前教学内容传达、课堂活动组织、课后效果评价。下面对这三个层面进行分析。

（1）课前教学内容传达

在翻转课堂模式中，其教学的基础在于课前内容的有效传达。在课前安排方面，教师要为学生准备充足的学习资料，如电子教材、英语参考书籍、国内外相关英语专题网址及微视频教程等。

电子教材的设计：在电子教材的设计上，应该注重其完整性。也就是说，要将纸质教材的内容及附加的包含音频、录像、解释材料等在内的全部内容注入电子教材中。此外，还有语料库数据、相关网站等资料，可以通过链接形式注入电子教材中，便于教师和学生使用。

电子教材除了设计要保证完整性外，还需要遵循一些次要原则：①模态协作化原则；②模态分配分类化原则；③超文本化；④个性化；⑤协作化；⑥模块化。

微视频的设计：微视频是当前翻转课堂模式常用的学习资源，具有很强的针对性。在课堂开始之前，教师可以根据课堂学习目标准备两个或三个微视频，一个微视频仅介绍一个知识点就可以，如果介绍的内容太多，会影响学生的理解和学习。

英语教学视频的视觉效果、互动性、时间长度等都会对学生的知识习得产生影响。在微视频中，教师要对学习内容进行合理的设计，并设定课前练习的难度与数量，以帮助学生将新旧知识结合起来。

在微视频的设计上，教师还需要考虑学生的适应性。刚接触视频时，学生很难集中注意力，他们更专注于做笔记。为了改善这一局面，教师可以为学生构建视频副本，帮助学生解决问题，引导学生关注视频内容。

在微视频的制作上，教师不仅需要重视整体上的视觉效果，还需要突出学习的要点和主题，根据知识结构来设计活动，为学生构建内容丰富、形式新颖的平台，让学生对微视频产生更大的兴趣。

（2）课堂活动组织

在翻转课堂上，教学大概涉及五大步骤：合作探究、个性化指导、巩固练习、反馈评价以及课程总结。

合作探究：要合理地进行分组。合作学习实际上就是小组学习。合作学习中组员之间的结构是十分重要的，因此教师在分组时要注意各小组成员在能力水平、知识结构上的多样化。同时，各小组成员之间保持个性特点的均衡也有利于各个小组间进行竞争和学习。一般来说，各小组成员应该遵循“组间同质，组内异质”这一原则，保证小组成员具有不同层次的知识水平，提升小组内能力欠佳学生的积极性，促进任务的完成。另外，小组内的成员应该进行分工，即每一位成员在小组内都应该体现自己的作用和价值，在完成任务的过程中能够积极地思考。

策划问题并提出。小组合作的内容要具有可操作性，即设置的问题要能够进行讨论。在课程开始之前，教师应该根据不同的学习内容和任务明确分组的原则，明确规定小组内各个成员的任务以及完成任务的时间。在合作学习中，教师处于引导者的地位，为不同学习小组制定不同的学习任务，使各个小组能够相互合作、共同学习、共同进步。

要合作实施，并对过程进行控制。小组合作学习并不是在任务开始时就要求一起完成任务。事实上，在任务开始时，小组成员需要对任务进行研究和探讨，且各个成员需独立思考，通过独立的思考来促进思维发展。之后，小组成员对思考的结果进行交流，发表自己的观点和看法。最后对各种信息和观点进行汇总，得出一个一致的观点。当然，小组内还需要一个发言人，发言人需要将观点和看法反馈给教师。

个性化指导：在个性化指导阶段，教师需要为各个小组解答问题与疑惑。在合作探究中，不同小组会产生不同的问题，教师应根据不同的问题进行个性化的指导并解答问题；对于一些共性问题，教师可以集中起来予以解答。

巩固练习：在巩固练习阶段，在教师的个性化指导下，各个小组需要进行总结，并通过不断的练习来加深印象，对重点、难点知识进行巩固。另外，这一阶段需要各个小组间的学习与交流，引导学生贡献学习经验和知识。

反馈评价：对小组合作学习情况的评价主要包含两个方面：一是对学习过程和结果进行评价；二是对小组及小组内的成员进行评价。在对各学习小组进行评价时，教师需要将重心放在整个小组任务的完成情况上，而不是放在某一小组成员的成绩上。同时，教师还需要调动评价小组内成员参与的主动性、积极性，这样既可以为其他小组的成员树立榜样，还可以激发小组内成员的热情，调动学生学习的积极性，防止学生产生依赖心理，从而更好地实现合作学习。

课程总结：课程总结是翻转课堂教学的最后一步，各小组间进行交流与信息沟通。教师应该给予小组内不同成员充分的支持，使各个小组都能够顺利地完成学习任务，实现既定目标。

（3）课后效果评价

在翻转课堂教学模式中，教师需要重视课后的效果评价。翻转课堂模式常采用个性化的学习测试，依靠的是教师与学生在接触的过程中形成的评价。也就是说，教师需要依据自身经验，对学生的知识掌握程度进行判断。这种即时的评价有利于解决学生提出的问题，且能够根据不同学生的差异，提出合理化的建议和指导。但是，由于翻转课堂兴起时间较短，其评价与测试的形式并不完善。因此，翻转课堂模式的学习评价主要是要求教师与学生之间进行及时的交流与沟通，并根据学生的不同个性特征来加以引导。另外，教师还需要给学生提供更多的机会来展示学习成果，让学生获得足够的成就感，促使他们有学习的动力。

第三节　分级教学模式——更新培养体系

高校学生受地区差异、生活阅历差异的影响，英语水平有很大的差异。如果将这些水平参差不齐的学生安排在同一班级，则教师很难因材施教，从而会导致基础较好的学生学不深、基础较差的学生跟不上。因此，可以实施分级教学。所谓分级教学，就是根据学生的实际英语水平及其接受英语知识的潜能，制定不同的教学目标、教学方案、教学方法等，在讲课、辅导、练习、测验和评估等方面充分体现出层次性，最终让学生在各自不同的起点上不断进步。

一、分级教学的理论依据

（一）迁移理论

迁移在心理学上是指旧知识、旧技能影响新知识学习的一种过程。奥苏贝尔等人指出，学习者已经知道的东西是影响学习的最重要的因素。按照产生的结果是积极的还是消极的，迁移可分为正迁移和负迁移，前者是积极的，后者是消极的。①

语言迁移是指一种语言对另一种语言的学习所产生的影响。语言迁移是一个认知心理过程，受诸多因素影响。语言迁移包括母语对第二语言习得的影响和母语向第二语言的借用，前者为“基础迁移”，后者为“借用迁移”。成人浸润在母语中的时间太长以致于形成了根深蒂固的母语习惯，这必定会影响第二语言的学习。语言迁移在多数时候研究的都是母语对英语学习或第二语言习得的影响，这时候的语言迁移一般指的是母语迁移。

弗莱斯和拉多是语言迁移研究的先行者。弗莱斯指出，第二语言学习中遇到的障碍来源于第一语言的定式。拉多认为，学生在第二语言习得的过程中，与母语接近的方面较容易学习，与母语有区别的方面则较难学习。当英语和母语的相似度比较高时，就容易引起正迁移。通过对比分析跨语言的差异，人们就可以确定第二语言习得的困难。实证研究发现，第二语言习得的困难不总是源于跨语言差异，而且母语在第二语言习得中的作用重新受到重视。

中国学生是先学习母语的，所以中国学生的英语学习会受到母语学习经验的影响。只有解决了语言迁移这个关键问题，才能科学地解释中国学生英语学习的认知心理过程。研究语言迁移，有助于解释母语在英语学习过程中的作用和在英语教学中应如何科学地运用母语等一系列英语教学的根本问题。有人错误地认为，汉语与英语在语言、文化方面的不同，导致汉语母语的负迁移作用大于正迁移作用，所以在课堂上尽量不用母语，从而避免母语干扰，以少犯或者根本不犯语言错误，学到地道的英语。然而，人的母语学习建立在正常的思维能力的基础上，人在学习母语后，不可避免地会用母语思维来思考问题。

（二）监控理论

20 世纪 70 年代末，美国语言学家克拉申提出了监控理论，该理论被认为是

① 庞若雯 . 大学英语分级教学的管理问题及优化路径探究 [D]. 上海：上海师范大学，2019.

二语习得研究中最全面的理论。克拉申认为，人的大脑中有两个独立的语言系统，分别是有意识的监控系统和潜意识的监控系统。这个理论具有以下五个假说：习得－学得假说、监控假说、输入假说、情感过滤假说、自然顺序假说。

1. 五个假说

（1）习得－学得假说

习得－学得假说是这五种假说中最基本的一种假说，该假说的核心在于对“习得”和“学得”的区分，以及对它们在第二语言能力形成的过程中所起的作用的认识。根据“习得－学得”假说，成人习得第二语言的能力主要通过两条不同的途径实现。

第一条途径是“语言习得”，也就是通过无意识地构建语言体系来获得语言能力。习得者主要关注语言所传递的信息，而不是将注意力放在语言形式上，进而通过目标语交流自然、无意识地提高语言能力。儿童学习母语的过程和这一过程非常像。

第二条途径是“语言学得”，也就是在理解教师所讲解的语言现象和语法规则的基础上，进行有意识的练习、记忆等活动，进而掌握其语法概念、了解所学语言。

“习得”是潜意识地形成语言能力，而“学得”是有意识地掌握语言结构。克拉申认为，二语能力的发展只能是通过语言“习得”，而“学得”只能在语言运用中起监控作用，不能视为语言能力本身的一部分。他进一步强调，“习得”是第一位的，“学得”是第二位的，但也并不排斥“学得”的作用。

但是，就当前的高校英语教学而言，学生的语言综合能力既有“习得”的结果，也有“学得”的结果。在二语学习的过程中，二者是相互伴随的。

（2）监控假说

如前所述，监控假说认为，人的大脑中有两个独立的语言系统：有意识的监控系统和潜意识的监控系统。监控系统是一种“意识到的语法”。在语言学习过程中，监控系统一旦发生作用，就会具有编辑控制的功能，它使语言使用者更加关注语言形式的运用而不是语言内容的表达。这一理论体现在语言“习得”与语言“学得”的内在关系上。根据此假说，正在“学得”或已经“学得”的规则会对那些按“习得”的规则说出的话语进行监控和修正，“学得”的知识通过语言的监控起作用。监控作用的实现需要具备以下三个条件。

第一，要想有效地选择和运用语法规则，语言使用者必须要有足够的时间。

第二，语言使用者的注意力必须集中在所用语言的形式上，也就是说语言使用者必须考虑语言的正确性。

第三，语言使用者必须已经具有所学语言的语法概念及语言规则的知识。

在日常生活交际中，如果语法规则不是通过习得获得的，人们往往倾向于关注交际的内容而不是形式，也就是说他们很有可能没有时间去细细推敲语法，因此这些语法规则可能在短时间内无法付诸实践。所以在口语交际中，如果一方过多地使用语法监控，时刻注意自己口语中语法的准确性并对其中的错误加以纠正，就会使自己的语言不流畅，进而使对方有结束这次交际的想法，从而达不到交流思想的目的。但在需要事先作好准备的正式发言和写作中，语法的使用能提高语言的准确性，进而为演讲或文章增添色彩。克拉申对三种不同的监控使用类型进行了区分和说明。第一种是使用得比较成功的人。这类人在口语交际中常常发生错误，但经人指出后能够改正；然而在书面交际时，他们由于比较关注语言形式，很少会出现错误。第二种是使用过度的人。这类人掌握了较为全面和完善的语言规则体系，书面语一般都较准确，却缺乏口语交际的信心。第三种是使用不足的人。这类人在口语交际中常常出现错误，并且不能自己改正。

（3）输入假说

输入假说是克拉申二语习得理论的核心内容。他指出，“可理解的语言输入”是语言习得的必要条件，输入材料本身和输入的方式会影响情感过滤的结果和输出的质量。他还认为，在第二语言学习的过程中，让学习者理解的输入语言超过其现有的语言水平，语言习得才可能会发生。学习者借助情境提示的帮助去理解这些语言，语言的能力最终就自然而然地培养起来了，并不需要教师的传授。他提出，理想的输入应该有四个特征：可理解性、既有趣又关联、非语法程序安排和足够的输入量。需要特别说明的是，“既有趣又关联”是指输入的语言应当与学习者相关并且能让学习者感兴趣。这样，学习者就可以在不知不觉中很轻松地习得语言。“非语法程序安排”是说按语法程序安排的教学行为并不可取也没有效果，足够的可理解的输入对于语言习得才是重要的。“足够的输入量”即给学习者提供足够多的语言材料。他进一步指出，学习者自身创造性构建程序的操作也可能提供新的语言形式。创造性构建程序是指学习者依据已习得的规则构建新的语言形式的程序。例如，学习者在习得一般过去时的动词规则时，理解了动词原形后缀需加上 -ed 的语言形式，如 worked、walked 等，这样动词原型后缀加上 -ed 的形式便可能成为下一步要习得的规则。如果学习者在输入中继续听到动词原形后缀加上 -ed 的形式，便可最终习得这种形式。此外，学习者还可以利用创造性构建程序，根据动词原型后缀加上 -ed 的形式创造出 knowed、maked、sweeped 等语言形式。由于此种语言形式不会被后来的输入证实为是正确的，因此是过渡形式。这样，学习者后来会放弃它，不把它作为下一步要习得的规则。直至学习者在后来的输入中听到了 knew、made、swept 等形式，并注意到 knew、made、swept 与 knowed、maked、sweeped 之间的差异，这些不规则动词的形式才会被确定为下一步要习得的规则。

（4）情感过滤假说

情感过滤假说认为，大量适合输入的环境并不能保证学习者可以学好目标语，情感因素也会对第二语言习得的进程产生诸多影响。通过情感过滤，语言输入才有可能变成语言“吸入”。在语言进入大脑语言习得器官的过程中，输入的语言信息必须经过过滤这一道关卡。这也就意味着情感因素在第二语言习得的过程中可以有积极或消极的影响，也可以说是促进或阻碍。其中有三个心理上的因素制约着习得者的语言速度和质量，习得者不是将他听到的一切都全部吸收，具体如下。

第一，动力。学习者是否拥有明确的学习目的，这关系着他们的学习效果。学习者只有具备了明确的目的，才会获得较大的动力，进步也会比较快。

第二，性格。通常情况下，如果学习者拥有自信、外向的性格特征，并且愿意接受陌生的学习环境，他们就会较快地取得学习上的进步。

第三，情感状态。学习者是处于焦虑状态还是放松状态，这会直接影响外界的语言输入。拥有放松的心情和舒适的感觉能使学习者在较短的时间内学得更好。由此可见，学习者的情感因素很大程度上决定着第二语言习得的效果。

（5）自然顺序假说

根据自然顺序假说的基本观点，学习者遵循一定顺序去习得语言结构知识，并且该顺序可以被预测。有些学习者对于某些语法结构掌握得较早，而对其他的语法结构则会掌握得较晚。不是每一位学习者都有完全相同的习得顺序，然而这种顺序可能具有某些类似的地方。当儿童和成人同时学习第二语言时，他们都是先了解现在时然后再学习过去时，先掌握名词复数然后再掌握名词所有格。如果将习得某种语言能力作为学习目标，教学大纲不一定要受这种顺序的制约。“自然顺序假说”重新明确了第一语言和第二语言学习的关系。有时候，第一语言通常被认为是学习第二语言的一大障碍，事实上并非如此。第二语言和第一语言可能有许多相同的规律，其语法顺序并不总是受第一语言的干扰。中文和英文在语言功能上是相同的，在某些语言表达方式上也有共同之处。在课堂上，教师有时需要借助母语，以便使学生更快且准确地理解英语，但不是把语法结构进行简单的排序。

2. 二语习得理论的系统

总体来说，克拉申把他的二语习得理论归纳为两点：第一，习得比学习更重要；第二，可理解的输入和较低的情感过滤在第二语言习得的过程中是必需的。克拉申的二语习得理论是一个较复杂的系统，其中涉及以下五种变量。

（1）智力

克拉申强调唯一与智力有关系的就是“学习”。由于考试情境是运用语言监控系统的良机，所以学习者的智力只能决定他在语言考试中的成绩。

（2）第一语言的作用

克拉申认为学习者利用第一语言学习第二语言，这是一种语言应用策略。他强调，学习者只有在没有掌握第二语言规则的时候，才会使用第一语言的规则。

（3）语言定式

语言定式是指背诵下来的固定短语与句子。他认为，语言定式对第二语言习得过程没有促进作用。语言定式只对语言应用有一定作用，它能帮助学习者表达超出其语言能力的句子。语言定式常常是下意识获得的结果，所以语言定式中的语法结构与其他语法结构是分别习得的。由于定式本身是不可分割的，因此也不可能存在于学习者的规则系统中。

（4）个人差异

克拉申指出，自然习得遵循自然顺序。虽然个人差异不存在于自然习得的过程中，但是其明显影响着习得速度、接受语言输入以及感情因素。

（5）年龄

首先，年龄对习得语言输入的量有一定的影响，年龄小的学习者可以较容易地习得更多的语言输入。其次，年龄也可以影响课堂学习，年龄大的学习者有较强的语言形式的学习能力，其具有较为有效的使用监控系统的知识。最后，年龄也会影响学习者的心理状态。青春期后，学习者的感情因素系统很可能会变得更强。

二、分级教学的流程

（一）科学分级

级别设置的科学性是分级教学实现教学效果的前提和关键。在实施分级时，要遵循个人意愿与统一考核分级相结合、实际水平与考试结果相结合的原则。此外，需要有科学的分级试题和分级标准。从学生的基础能力和发展潜力来看，可以将学生分为三个级别，即初级、中级、高级，具体要求如下。

第一，初级班学生的语音和语法等基础知识掌握得都不太扎实，教学时应放慢进度，强化学生对基础知识的掌握。

第二，中级班学生的英语水平一般，但往往对英语听说感到畏惧，处于这个级别的学生数量最多，可以按照正常进度教学，并使他们在等级考试中取得好的成绩。

第三，高级班学生的英语水平普遍较高，具备一定的听说和读写技能，但是听说能力还需要加强，教师应尽量使他们通过更高级别的考试，并取得较好的成绩。

（二）保持区分度

在分级考试中，有些学生可能因为一分之差没有进入高级班，多一分少一分也许还不能证明英语能力的高低，这时候分级考试的界限就显得不够客观、灵活了。为了提高区分度，可以让学生自己参与分级，实行双向选择。学生最清楚自己的英语水平和学习兴趣，他们由被动选班变为自主择级，必然能增强学习英语的积极性和自觉性。具体方法是参考高考和摸底测试的成绩，同时公布各个级别的不同起点和听、说、读、写各方面的学习要求与最终目标，学生可以根据自己的学习兴趣申请对应级别，由分管部门最终审定。

（三）落实升降机制

分级教学要采用灵活的升降调整机制，它是指通过考核和征求意见的手段，在一定范围内定期调整学生的级别，使学生所受的教育和当前的状态相匹配，因为高级班和初级班的教学进度和教学形式有很大差别。对于进步的学生安排升级，这样不仅可以提高学生学习的积极性，还能为其他学生树立榜样；对于退步的学生要安排降档，这样可以刺激退步的学生重新调整学习策略，以便取得更大的进步。当然，也可以只在初级班和中级班之间实施升降机制，初级班和中级班统一教材、统一进度，定好升降级的比例或者名额，一定周期进行一次微调，这样就做到了不同级别之间的良好衔接。

（四）完善评价机制

在分级考试中，各级别的学生一般采用不同难度的试卷，这就可能会出现一个问题：高级班学生的英语成绩低于部分中级班或初级班学生。为了有效解决这一问题，需要完善分级教学的评价机制，可以尝试增加平时表现在总评成绩中的比重，注重过程性评价，利用形成性评价与总结性评价相结合的方式来确定最终成绩。此外，还可以根据各级别试卷的难度引入加权算法，设定一个科学的系数，整体调整高级班或者初级班学生的分数。

第三章　高校英语教学中的语言教学

第一节　高校英语阅读教学

一、阅读教学的理论基础

有关文件规定，高校英语的教学目的是培养学生具有较强的阅读能力、一定的听和译的能力和初步的写和说的能力，能以英语为工具，获取专业所需的信息。同时，不仅要重视句子水平的语言训练，还要逐步发展在语篇水平上进行交际的能力。这就要求英语教学不能仅仅停留在对词汇、句子的理解上，而要开展深层次的理解教学——语篇教学。长期以来，在英语教学中，由于受传统语言学和结构语言学的影响颇深，教师大多仍用传统的句法分析法，强调让学生对语言材料逐词逐句地进行理解，过多地重视对词汇、语法等语言难点的讲授，多采用由部分到整体、自下而上的以语法为线的教学模式，忽视了学生对文章内涵的理解和掌握。学生虽然能了解文章的局部，却无法对文章的全局及语言赖以生成的情境有充分的认识和理解。近年来，随着国外新的阅读教学理论的不断产生，新的教学思想、教学原则和方法先后传入我国，在英语课堂上出现了一种颇受青睐的教学方法——语篇教学法。

（一）语篇教学法的原则

语篇教学法属于功能意念的教学范畴，它的指导理论是语义宏观结构理论和语用宏观结构理论。根据语义宏观结构理论，教师在教学中要将注意力集中在引导学生抓住作者的主题思想和中心问题上，然后讲解和分析词、短语和句子的意义及其用法；而根据语用宏观结构理论，运用语用分析进行教学有助于提高语言技巧训练的效率，克服孤立地讲解语言形式的弊端，使学生能有效得体地使用语言，并确保语言表达的准确性。①

语篇教学法就是从语篇分析入手，把课文作为一个整体，要求学生不要停留在词句的水平上，而从文章的层次结构以及内容入手，帮助学生最大限度地获取和掌握文章所传递的信息，同时逐步培养他们的语言交际能力，即通过分析一段话或文章以及说话的场合和文章的上下文来描述这段话或文章的语言结构、文化特征、交际方式及语境特征。这种教学方法可以把分析语篇、打好语言基础、培养交际能力有机地结合起来。

（二）语篇教学的方法

1. 整体阅读

即对语篇的宏观导入进行表层理解。从宏观的角度出发，指导学生理解作者的观点意图，使学生具有通览全篇的能力，注意力主要在“篇”而不在“句”，在文章的“意”而不在文章的“语法点”。教师可以提前把任务布置给学生，让他们预习，并充分利用课堂时间进行讨论，让学生自己发现问题、提出问题、解决问题。教师把学生带有共性的问题提出来，以语篇为单位，立足于篇章整体，点出中心思想和段落大意，教会学生识别主题句，掌握文章的基本内容和中心思想，摸清作者的思维脉络以及词和句子的衔接手段等，并穿插传授相关社会文化知识，使学生不至于因为缺乏某种知识而产生语言理解的错误。

2. 分段阅读

即对语篇的深层剖析。在语篇教学中，教师可以根据不同的体裁，把握重点，进行语篇分析。对于记叙文，要让学生找出课文中出现的人名、地名和时间顺序，然后找出与它们有关的信息，即找出课文中的 5 个“W”（who、when、what、where、why），并分析其关系；对于科普文章，应当引导学生在获取信息的同时，注意长句、难句以及文章的段落结构；对于议论文，要让学生区分文章的主要观点，找出论据，研究论证，按照论点、论据和论证的递进层次进行分析，并提出自己的见解。不同题材的文章有不同的侧重点，可以从思想内容上分析，可以从写作和修辞上让学生体会，有的则可跳出课文的框架，从世界观方面深入探讨，对作者的语气、修辞和语言风格等方面加以研究，将

① 徐怀云．大学英语阅读与写作教学的相关因素探究 [J]. 兴义民族师范学院学报，2021（6）：101–105.

阅读提高到一个更高的层次，进行欣赏和评价。

3. 细节分析

语篇教学法并不是将一篇文章笼统地介绍给学生，而是从微观的角度出发，让学生学会围绕语篇有目的地识别信息，包括识别关键词，掌握篇章联结的基本手段，如语法手段、词汇衔接、语用与语义上的内涵等，并注意作者布局谋篇的特点和遣词造句的手法。所以语篇教学并不排除必要的语法内容讲授，但是与传统的语法教学法相比，它更注重篇章结构和中心问题，而不仅仅是零散的词汇和句子的学习。

4. 启发式教学

在进行语篇教学时，教师要有意识地设置一些障碍，启发学生思维，激发其求知欲望，促使他们动脑筋、善思考，培养他们独立探索、解决问题、熟练运用英语的能力。

（三）语篇教学法的利弊

1. 语篇教学法的优点

第一，有利于培养和激发学生的创造性思维。这种教学法强调以学生为中心，在学习语言的过程中，学生必须参与分析、推理、归纳等认识过程，它不仅要求学生不断参与各种课堂活动，而且要求必须时刻保持高度的注意力，开动脑筋，活跃思维。

第二，有利于培养学生运用语言进行交际的能力。因为这种教学法能使学生在提高语言水平的同时，得到获取完整信息的能力和语言交际能力，使他们的语言能力自然发展到语篇水平的交际能力。

第三，有利于培养学生形成良好的阅读习惯，提高他们分析问题和解决问题的能力。语篇教学法强调学生的课前预习，要求学生课前通读全文，熟悉内容，找出自己不理解的句子，以便在课堂上与教师和同学共同磋商，实现正确地理解，这样学生就由被动地“听”变为主动地“学”了。长期坚持下去，学生分析问题和解决问题的能力必然会提高。

第四，有利于激发学生学习的积极性，逐步形成以学生为中心的课堂教学。教师提出一些启发性的问题让学生思考，鼓励学生积极参与到语篇分析的教学活动中，从而打破了英语课枯燥乏味、死气沉沉的课堂气氛，形成了以学生为主体、以教师为主导的生动活泼的教学局面，从而提高学生学习的积极性。

此外，它还能融洽师生关系，使学生在和谐自然的语言环境中进行交际活动。

2. 语篇教学法的弊端

第一，刚入学的学生可能感到不太适应。采用语篇教学法，语言知识的转化与获取是以很快的速度进行的，这对刚入学的学生来说是一种挑战，因为他们的基本听说能力不是很强，面对新的教学法、教材和教师，他们往往会产生一种恐惧感。

第二，使一部分学生产生学习压力。由于这种课堂教学为学生提供了大量的语言活动机会，学生的语言能力不断地显露出来，会使那些内向、爱面子的学生产生紧张感，若教师不能因势利导、正确地引导他们处理各种问题，势必会影响到学习兴趣的培养。

可见，语篇教学法有利有弊，但由上可知，利大于弊。语篇教学法集中了传统教学法和交际教学法的优点，能帮助学生从宏观和微观两方面更全面更深入地理解篇章，使其既见“树”又见“林”，使认识产生飞跃，最终达到适当、得体地交际的目的，难怪有人把语篇教学法称为一场新的教学革命。

二、语篇阅读教学模式

有学者将语篇阅读教学模式分为三种类型：“自下而上”模式、“自上而下”模式、交互作用模式。

（一）“自下而上”模式

“自下而上”模式是指一种传统的阅读理解模式，它起源于19世纪中期，是采用信息加工的理论来阐述阅读的过程，是一种文本驱动型的模式，即从看到文字符号发展到理解文字意义的整个过程，从低级的小单位字母加工发展到高级的词、句乃至语义的加工过程。该模式认为，阅读是从字词的解码开始直到获取文本的意义结束，即阅读过程是一个从左向右对字母、词、句子、语篇的有组织、有层次性、自下而上的理解过程。根据这个模式，理解一个语篇，读者必须具备一些低级或简单的语言知识，因为理解一个语篇必须依赖对构成该语篇的句子的理解或对句子进行加工，而对句子的理解又依赖于对词的理解，对词的理解又离不开对字母的识别。由此可见，“自下而上”模式强调的是语篇本身的作用，阅读过程中遇到的问题就是语言问题，学生理解失败主要是由于缺乏足够的语言知识，如存在不熟悉某些单词或句子结构等语言障碍。

“自下而上”模式说明了信息加工中的线性模式对阅读研究的影响，但没能说明阅读过程中各种信息之间的相互作用，只是局限在字、词、句这样的线性理解层面上，忽视了读者可能会从语篇以外的其他地方（如读者已有的知识中）提取有关信息并对其进行加工这一情况。虽然语篇是以层次结构的形式把信息呈现给读者的，但读者可以直接在任何水平上提取并对已有的知识进行加工，以补充或者预测来自文章的信息流。读者阅读语篇中的字、词、句并不等于孤立地对这些成分进行加工。字母在词中出现要比单独出现更容易察觉，词在有意义的句子或故事中出现要比单独出现更容易识别，不管句子的句法如何复杂，深层语义关系贯通一致的句子要比语义关系混乱的句子容易整合。显然，“自下而上”的阅读理解模式不能说明这些现象，也不能解释整个阅读过程。它把低层次过程与高层次过程截然分开，没有意识到读者在阅读过程中可能带进的高层次知识的作用。

（二）“自上而下”模式

“自上而下”模式是在 20 世纪 60 年代后期，在认知心理学的影响下发展起来的阅读理论。美国心理语言学家 K. S. Goodman 提出：“阅读是一个选择过程。它基于阅读者的期盼，部分地利用从视觉输入中选择出来的可得到的最小量的语言线索。当这部分信息得以处理，随着阅读的进展，暂时得出的决定须经受证实、修正或淘汰。简而言之，阅读是一个心理语言方面的猜谜游戏。”他认为读者利用已有的句法和语义知识来减少他们对语篇中书面符号与语音符号的依赖，并具体划分出阅读的四个过程：预测、抽样、验证和修正。读者预测语篇中的语法结构，运用他们的语言知识和语义概念，从语篇结构中获取意义，因此，语篇必须含有意义并且是用功能健全的语音表达的。随后，读者从书面符号中抽样以证实他们的预测。Goodman 认为读者在阅读时不断地从三种可利用的信息中抽样：字形读音、语法和语义。字形读音信息取自书面符号，语法、语义信息则要靠读者的语言能力。在抽样的过程中，读者不必看清每一个字母与单词，除非他处理的单词、语义与语法线索和他作出的预测吻合，否则他会视而不见。换言之，读者只选择读物中能证实他的预测的线索。读者的句法、语义知识层次越高，他们抽样的选择性便越强。抽样后如果预测的意义被证实，读者将对随之而来的内容进行新的猜测；如果他提取的样品不产生意义，或者预测的书写符号输入没有出现，则需要从读物中提取更多的信息，以修正自己错误的预测。

总体而言，其特点可归纳为以下几点：①认为阅读是一种主动在读物中寻找意义的思考过程；②强调读者已掌握的知识与技能在理解中的作用；③认为阅读是有目的性与选择性的，读者只专注于为实现自身目的而必不可少的方面；④认为阅读有预见性，以所掌握的知识与对理解的期望以及与阅读目的之间的相互作用，使读者能预见读物的内容。

（三）交互作用模式

一般认为，课堂教学的阅读教学过程分为三个阶段，即读前、读中、读后阶段。交互作用模式可适用于这三个阶段。

三、高校英语阅读教学的目标和原则

（一）高校英语阅读教学的目标

在高校英语教学中，阅读的目的可以概括为以下几点：①通过阅读搜索所需要的信息；②通过阅读获取新的信息；③培养阅读理解能力；④从所阅读的文章中得到乐趣，激发阅读的兴趣，并强调提高学生的阅读理解能力；⑤培养学生假设判断、分析归纳、推理验证等逻辑思维能力；⑥培养学生快速阅读的能力及阅读兴趣；⑦增加学生的文化背景知识。

阅读教学的目标在不同的学习阶段要求不同，可粗略划分为三个层次。

1. 一般要求

能基本读懂一般性题材的英文文章，阅读速度达到每分钟 70 个词；在快速阅读篇幅较长、难度略低的材料时，阅读速度达到每分钟 100 个词；能就阅读的材料进行略读和寻读；能借助词典阅读本专业的英语教材和题材熟悉的英文报刊文章，掌握中心大意，理解主要事实和有关细节；能读懂工作、生活中常见的应用文体的材料；能在阅读中使用有效的阅读方法。

2. 较高要求

能基本读懂英语国家大众性报纸杂志上一般性题材的文章，阅读速度为每分钟 70 ~ 90 个词；在快速阅读篇幅较长、难度适中的材料时，阅读速度能达到每分钟 120 个词；能阅读所学专业的综述性文献，并能正确理解中心大意，抓住主要事实和有关细节。

3. 更高要求

能读懂有一定难度的文章，理解其主旨大意及细节，能阅读国外英语报纸杂志上的文章，能比较顺利地阅读所学专业的英语文献和资料。

（二）高校英语阅读教学的原则

不同的教师、不同的教学条件和环境、不同的学生、不同的教学目的以及其他与英语教学相关的方方面面的不同，反映在阅读教学上，就必然演化出各种各样的阅读教学活动，这就是英语阅读教学的实践。为了达到阅读教学的目的，保证阅读教学的有效开展，要遵循这些原则：①真实性原则；②层层设问原则；③积极性原则；④循序渐进原则；⑤因材施教原则；⑥速度调节原则。

四、英语阅读训练的方法

在英语学习中，阅读是一个重要的环节，阅读教学在整个教学体系中有着举足轻重的地位，阅读策略也是第二语言习得研究的一个方面。在传统阅读教学过程中，存在着很多错误的观念和教学上的误区，学生在阅读不同的材料时均采用同样的阅读速度和方式，这样既不能在规定的时间内完成相应的阅读量，又影响阅读理解的效果。因此，教师有必要采用一些新的教学策略，尝试开展有效的课堂阅读教学。

（一）引导激发学生的阅读兴趣

阅读教学的目标是使学生具有较强的英语阅读分析的能力。教师的基本任务就是引导，根据不同的阅读环境、阅读材料提供相应的背景知识，教授一些阅读中的基本技巧，在阅读前激发学生的阅读兴趣和欲望，帮助学生成为有辨别力的、独立而专业的阅读者。培养学生独立阅读能力的第一步是激发学生的阅读兴趣，帮助学生产生强烈的阅读欲望。

1. 与学生已有的经验和有关知识寻找关联

在开展文章阅读之前激发学生极大的欲望和好奇心去阅读文章的方法，是问一些与学生学习过的文章或课文有关的知识，提出一些问题。多表扬，少批评，大家一起讨论，增强学生的自主性，然后再让学生学习新的知识。

2. 通过对标题的讲解，让学生大胆预测阅读内容

对于一篇阅读材料，教师不要急于讲解，可以发挥学生的自主性，让学生围

绕标题进行大胆的联想和猜测。即使在课文的讲解过程中仍可以间歇性地引导和启发学生的逻辑思维。

3. 限时性

这是强化阅读的有效方法。缓慢地、不连续地和精力不完全集中地阅读，在单位时间内无法获得大量的知识信息，对阅读者的心理会产生压力，也无法使其体会到阅读的满足感。限时性阅读就是让学生在规定的时间内完成一定的阅读量，使学生有目的地阅读，这样可以集中精力，避免重复劳动带来的厌倦感。这样的训练也为学生的测试作了准备。另外，教师还可以准备相应的配套试题供学生参考。

（二）在阅读教学过程中充分注意学生的心理活动

阅读是一种融合了感知力、理解力、分析综合能力以及记忆联想和判断推理的复杂的思维活动。因此，教师要充分关注阅读过程中学生的心理活动。

1. 开展阅读之前让学生充分理解阅读的重要性

阅读对人生具有重要的启迪作用，是开启知识之门的钥匙，只有学会阅读、充分消化吸收，才能汲取前人的智慧，为自己的人生寻找方向。

2. 答疑解惑

在阅读过程中难免会碰到一些读不懂和理解不了的地方，此时学生会产生恐惧心理，长此以往也会有退缩心理。教师在引导学生阅读时应该有计划地向学生解释阅读技巧，并结合大量的阅读实践进行训练。

（三）注重阅读技术

学生是阅读的主体，注重阅读技术对于提高学生的阅读能力是非常重要的。教师要注重引导，抓住本质，使学生融会贯通。

1. 重视文章结构

文章结构可以称为文章的“骨骼”，阅读文章之前首先分析结构相当于“工欲善其事，必先利其器”。在分析过程中，要找到文章的主旨。主旨大部分在文章的开头，也有的在文中，或者在文末。另外，要注重篇章结构，弄清楚作者的逻辑思路是演绎推理还是归纳推理，是由事实到论点还是由论点来举例论证，是由点到面还是由面铺点。掌握了文章的结构，既有利于学生提纲挈领，又有利于学习写作方法和训练自己的思维能力。

2. 重视词句的学习

阅读的过程也是学习的过程，通过阅读学习陌生的词句是个不断积累的过程。在阅读中养成良好的习惯，一次读完整个句子，不要碰到陌生的词就查阅字典。可以从整句或者联系上下文入手进行猜测，通读完毕再对猜测进行确认。

3. 重视语法结构

长难句是阅读的难点所在，有些长难句虽然没有生僻词和旧词新译的情况出现，但是由于句子成分过于复杂，学生往往也很难真正理解。如果遇到这种情况，必须耐心地分析句子成分，灵活运用语法知识，分清所指代的具体意义，这样才能真正把句子吃透，融会贯通。

（四）培养学生独立阅读的能力

阅读能力包括学生的观察力、注意力、记忆力、想象力和思维能力，培养学生的阅读能力，就是把学生的这五种能力作为一个整体进行培养。建构主义理论认为知识是由个人建构而不是由他人传授的，学生是知识建构的主体，学习不是由教师把知识简单地传授给学生，而是由学生自己建构知识的过程。因此，阅读课堂教学应该紧紧围绕学生来设计，建立学生与学生对话、学生与教师对话和学生与作者对话三个不同层次，实现高校英语课程教学目标。培养学生独立分析问题和解决问题的能力是提高阅读能力的必要手段，而且独立思考和独立工作的能力也正是英语教学工作的重点内容之一。在课堂上，教师通过启发式教学，刺激学生的想象推理能力，为学生学习提供方便。在课下，学生能够掌握查阅资料的正确方法，迅速找到相关信息，独立完成阅读任务，并且读有所获，扩大知识面，真正做到学以致用。

第二节　高校英语听力教学

一、英语听力教学概述

听力是生活中最常见而又最容易被语言教学所忽视的一项技能。在 20 世纪 70 年代之前，有关语言教学研究的文献中很少有文章专门探讨听力教学的问题。而随着交际教学法的推广，人们开始意识到听力是人的语言水平的重要方面，听力教学逐步引起了人们的重视。

从20世纪80年代开始，有关听力教学以及听力技能的研究逐渐增多。英国应用语言学家Richards认为，听力由一系列的微技能组成，这些微技能应该成为教学与测试的重点。美国语言学家罗斯特指出，听力的微技能包括区分单词的语音的能力、对不熟悉的单词推断词义的能力、对将要听到的内容预测的能力，以及对于矛盾、信息不足或者模糊的内容的处理能力，还有辨认事实与观点的能力。人们对于听力教学的态度的转变在很大程度上是因为克拉申提出的输入输出假说，克拉申认为，人们习得语言的唯一方法是理解信息，或接收可理解的输入。这里所说的信息或输入主要是口头语言。①

另外，在早些年，应用语言学的研究者开始从认知心理学中借鉴关于语言理解模式的各种新的理论，区分了“自下而上”和“自上而下”两种处理模式，并从中意识到背景知识和图式在理解中的重要性。在“自下而上”的处理模式中，听是一个线性的数据处理过程，理解的程度取决于听者是否能够成功地对所听到的口语材料进行解码；而在“自上而下”的处理模式中，听者主要是主动地根据预期、推论、意图、图式知识以及原来具有的相关知识，有选择地处理接收的信息以构建意义。与此同时，会话分析以及语篇分析的研究成果也对听力教学产生了一定的影响。通过这些研究，人们对口语语篇的结构有了一定的了解，意识到单靠把书面语篇朗读出来不能给学生提供合适的听力材料，听力教学中必须为学习者提供适合他们需要和水平的真实的口语材料，真实性因此成为选择听力材料的一个重要标准。

（一）我国高校英语听力教学现状

培养学生运用英语进行沟通交流的能力应该是国内高校英语教学的最终目的，它包括听、说、读、写、译五种基本技能，其中居于首位的“听”是英语综合应用能力可持续发展的核心和关键。然而，在目前的高校英语教学中，听力却成了制约学生英语综合应用能力和可持续发展能力培养的主要瓶颈。近年来，伴随着教学改革的深入发展，对学生英语听、说能力的培养越来越受到各高校和有关部门的重视。

综合分析目前高校英语听力现状，可以发现在现行的听力教学中存在以下几个问题。

① 张舒．大学英语听力词块教学的实证研究[D]．温州：温州大学，2017.

1. 由语言基础知识储备不足引起的听力理解能力差

掌握充分的语音、词汇、语法等语言基础知识是学好一门语言的基础。然而，当前英语听力教学中对诸如语音、语调、词汇、语法、句式等英语基础知识的重视程度不足，造成学生掌握的英语基础知识量有限，出现辨音能力差、听不出单词前后缀、语速跟不上、语法逻辑结构不清晰等一系列问题，从而使得英语听力教学效果大打折扣。

2. 由背景知识匮乏引起的听力理解障碍

语言学家安德森和林奇曾指出，缺乏对目标语的社会文化、史实、背景知识的了解会成为听力理解中的一个障碍，因为语言本身就是用来传递文化的。英语是一门语言，而语言是文化的载体，不同的文化会产生各具特色的语言背景。因此，想学好一门语言，就要对这门语言的背景文化有所了解。而现阶段的高校英语教学仍然采用以传统教育为主的教学模式，严重缺乏对英语背景文化知识的讲授和学习，造成学生由于不了解文化背景，而在听力中出现大量的误解和混淆，形成听力理解上的障碍。

3. 由传统教学引起的听力学习兴趣缺失

在传统教育理念下，高校英语学习是以通过全国大学英语四、六级考试为主要目的，听、说、读、写、译五种基本技能的教学也只是围绕着如何通过考试来开展的。当学生步入社会后，很多企业也把通过全国大学英语四、六级考试当作衡量人才的标准之一。在这样的教学理念和社会氛围下，学生学习英语完全是为了应付考试和必要的企业标准，使得以沟通交流等综合应用能力培养为主导的语言学习变成了以应付考试、满足要求为主导的机械性、任务性学习，造成学生严重缺失学习英语的兴趣。

4. 课程设置不合理

大多数院校听力课程比较集中，一般是每周上一次课，每次课 1.5 个小时，这样的课程设置对听力教学并不适用。听力训练是精神高度集中的脑力劳动，学生精神高度紧张，大脑要对输入的信息快速地进行整理、匹配、编码、解码、输出，这样复杂的活动对脑力的消耗很大，而一次听力课最少要一个半小时，这对学生来说是个严峻的考验，不利于学生高质量的听力学习。

5. 教师缺乏适度引导

有些教师把听力教学当作考试训练，没有对学生进行适度的引导，就直接开始教材中的听力任务，导致学生在对话题不熟悉、没有相关背景知识作铺垫的情况下完成听力，在听力学习过程中产生挫败感。这种缺乏适度引导的听力活动不能让学生体验学习的成就感。所以，如何适度把握听前的引导，是教师在听力教学中需要重视的一个环节。

6. 听力材料的内容陈旧

有些教师完全按照教材内容对学生进行听力训练，而有些教材时间比较久远，难免会有一些过时的材料。教师应该在教材的基础上，适当加入一些新鲜的材料，例如新闻、趣闻、时事、笑话等学生感兴趣的内容，一方面可以让学生所学即所用，另一方面可以极大地激发学生学习的积极性。另外，教师对教学材料的选择要本着难易适中的原则，过难或过易的材料都会影响听力教学的效果，过难会导致学生失去信心，过易又达不到训练的目的，这就要求教师在综合考查学生听力水平的基础上谨慎选择学习材料。

（二）英语听力教学的理论基础

在听、说、读、写四项技能中，“听”被称为“接受性技能”，但是这并不意味着“听”就是一个被动的接受过程，实际上，“听”是一个非常主动的、积极的信息处理过程。心理语言学的研究表明，听的过程与人的记忆有密切的关系。根据识记与保持的时间的长短可以把人的记忆分为瞬时记忆（temporary memory）、短时记忆（short-term memory）和长时记忆（long-term memory）三种，三者各自承担着不同的任务，形成一个完整的信息记忆与处理系统。

瞬时记忆就是在感知事物后极短时间内（如一秒钟左右）的记忆；短时记忆就是经过识记过程，在较短时间内（如几秒至几十秒）的记忆；长时记忆则是在较长时间内（如以日、月、年计的时间）的记忆。这三种记忆除了在获得与保持的时间长短上有区别以外，在其他一些方面也有所不同，如在记忆广度、记忆内容的形象性、信息提取的难易程度以及生理机制等方面都有所不同。

瞬时记忆是由感官直接传入的，因此一般具有比较鲜明的感觉形象性，也可称为感知记忆。它的保持时间极短，一般认为约一秒钟，它的重现是很容易的。瞬时记忆有一定的广度，如果材料各项间没有特殊的联系，则各种不同性质的材料（如数字、字母、无意义音节等）的瞬时记忆广度大约都是七个项目（或单元）。瞬时记忆的生理机制可能是神经细胞群在受到刺激后的继续活动。它是由一种短时的电化学反应引起的，但会随着时间的推移而自动消退，它的活动痕迹的神经组织范围也是比较狭小的。

短时记忆的保持时间虽比瞬时记忆长，但也是很短的。一般认为，它的保持时间是以秒计算的，最长也不过是一分钟左右。例如，在电话簿上查到一个不熟悉的电话号码后，我们就能根据短时记忆拨出这个号码，但是在拨完号码后，甚至在拨号过程中便会把它忘掉。要使材料保持在短时记忆中，复述是必要的，否则很快（如不到半分钟）就会遗忘。短时记忆的重现也是比较容易的。短时记忆的数量或广度也很有限，和瞬时记忆一样，它的广度一般也只是七个左右的无联系的项目（如数字、字母或词等）。它的生理机制也基本上和瞬时记忆相同，只不过持续的时间略长而已。

长时记忆指在识记一项材料后经过一长段时间能够把它背诵出来的能力。长时记忆能够保持的时间是较长的，从几分钟、几小时、几个月、几年，直到终生。长时记忆的数量极大，可以说并无限度。事实上它可以包括一个人的全部知识。又由于它的数量极大，有时就不免使回忆产生一定的困难。长时记忆的主要条件是复习。长时记忆（特别是语文材料的记忆）的特点之一是记住了信息的意义，而不只是机械地记住了一些彼此孤立的单元，如词等。长时记忆的识记是一个组织、建造的过程，所以它所存储的全部知识也是一个有秩序、有组织的统一体。这就使人们有可能比较迅速地通过多种渠道从浩如烟海的长时记忆中提取有关的知识。长时记忆依赖于以前获得的知识，在识记时，当前识记的材料和过去的知识联系得越多，则以后回忆起来就越容易。

从系统论的观点来看，瞬时记忆、短时记忆和长时记忆是一个统一记忆系统中的三个不同的信息加工阶段，它们之间不是彼此孤立的，而是相互影响、相互作用又相互联系的。

根据记忆的三个阶段，听的心理过程也包含三个主要的阶段。

在第一阶段，声音通过人的感觉器官进入瞬时记忆中，并利用听话者已有的语言知识把这些信息转化为有意义的单位。信息在瞬时记忆中存储的时间很短，听者只有很短的时间对这些意义单位进行整理。在听母语时，这一过程一般都能顺利完成，而在听英语的过程中，当听者设法将连续的语流组织成有意义的单位时，很可能会出现问题。有时可能听者在处理完现有信息之前，新的信息又会不断地涌入，从而导致听力理解困难。

在第二阶段，信息处理是在短时记忆中完成的，也是一个非常短暂的过程，不超过几秒。在这一阶段，听者会把所听到的词或词的组合与储存在长期记忆中的语言知识进行比较，把记忆中的信息进行重组、编码后，形成有意义的命题。听者要对连续性的语流进行切分，切分的主要线索是意义。意义体现在句法、语音、语义三个层面上。在获取意义之后，听者一般会忘掉具体的词汇。在这一阶段，处理速度是至关重要的。已有的信息必须在新的信息到来之前完成处理，这对于英语学习者来说，很容易造成处理系统的信息超载，一个初级的英语学习者往往会因为处理速度不够快而无法从信息中获取意义。随着学习者听力训练的不断增加以及语言知识的积累，对于一些经常听到的信息的处理会成为一个自动化的过程，从而留出更多的空间来处理难度较大或者不太熟悉的信息。

在第三阶段，听者会把获取的意义转移到长时记忆中，并与已知信息相联系，确定命题的意义，当新输入的信息与已知信息相匹配时就产生了理解。在这一阶段，当形成的命题与长时记忆中的已知信息相联系时，大脑便通过积极的思维活动去分析、合成、归纳，使其成为连贯的语言材料，从而实现意义的重构。之后将重构的意义而非原有形式在长时记忆中保留。

上述过程只是描述了听的过程中信息处理的大体步骤，而实际过程要复杂得多，因为听的过程中的信息处理并不单纯地依靠语言本身。听者必须把语言置于具体的语境之中，才能理解真正的意义。在听母语的过程中，听者会自动激活他们长期以来积累的文化知识、讲话人的背景等相关的信息，而且能够根据以往的经验在一定程度上预测下一步将要听到的内容。他们知道不同类型的人会以不同的方式表达不同的内容，在不同的场合以及讨论不同的问题时使用不同的语言风格。人们谈话的方式也会受到谈话参与者之间关系的影响，如父母对孩子、妻子对丈夫、领导对下属、售货员对顾客等，关系会影响各自对语言风格的选择。这些知识在上述三个阶段都会起作用。

由此可以得出结论：听力是多方面能力的综合。

（三）高校英语听力教学的目标

英语听力教学的主要目的是培养学生在现实生活中进行真实交际的能力，使其能够借助听力完成现实生活中的各种任务，同时促进自己的学习和发展。随着学生认知能力的进一步发展，对学生听力能力的要求也逐渐提高。听力教学的目标在不同的学习阶段有不同的要求。

一般要求：能听懂英语授课，能听懂日常英语谈话和一般性题材的讲座，能听懂语速较慢（每分钟 130 ～ 150 个词）的英语广播和电视节目，能掌握其中心大意、抓住要点，能运用基本的听力技巧。

较高要求：能听懂英语谈话和讲座，能基本听懂题材熟悉、篇幅较长的英语广播和电视节目，语速为每分钟 150 ～ 180 个词，能掌握其中心大意、抓住要点和相关细节，能基本听懂用英语讲授的专业课程。

更高要求：能基本听懂英语国家的广播电视节目，能掌握其中心大意、抓住要点，能听懂英语国家人士正常语速的谈话，能听懂用英语讲授的专业课程和英语讲座。

二、英语听力教学的原则

（一）循序渐进的原则

听力材料的选择应遵循循序渐进的原则，由易到难，兼顾多样性、真实性。这里所讲的听力材料是指课本“听力训练”以外的材料。开始着手听力训练时，材料语速不能过快，尽量选择吐字清晰及连读、弱读现象少的材料；听力内容可以是日常生活会话、社会热点话题、新闻、故事等，以激发学生听的欲望和兴趣；让学生在听的过程中确实有所得、有所知；另外，听力材料最好能体现真实性，即语音、语调真切自然，不夸张，符合以目标语为母语的人在自然交际场合中的说话标准。在听力训练方面，要确定听力培养的不同阶段，并确立不同的培养目标。

（二）训练模式多样化原则

教师应该根据不同的训练目的，采用不同的训练手段。在课堂上，学生听教师和其他同学讲英语是培养听力的重要途径。教师可根据由慢到快、由易到难、由简到繁的原则，坚持用英语组织课堂教学、讲解课文，并鼓励学生大胆讲英语，以营造浓厚的课堂氛围。另外，教师应根据不同的教学目标选择不同的听力材料，并采用不同的训练模式，例如，让学生区分练习各种语音，从而领会其表述的意义；提前给学生提一些问题，让学生听材料时用母语给出答案；听以正常语速讲的所学过的各种对话；鼓励学生自主选听各种材料，然后说出或写出所听的内容。教师应尽可能地为学生创造听英语的机会和条件，通过听觉接触大量的英语，逐步提升听的能力。

（三）兼顾分析性和综合性的听力能力训练

分析性听能指的是为了应对听力题中对细节部分的考查，而逐字逐句地分析细听。这就需要学生在听时“抠”字眼，例如，对题中要求回答的事件发生的时间、地点、年份等细节，要求学生在听时特别注意并作简单记录。综合性听能指对听力材料进行粗线条的整体理解。这种听能可以解决听力题中对材料主旨的理解、整体思想等方面的要求。这往往是对短文类听力材料理解的第一步。当然在现实听力训练中，由于听力题既涉及细节问题，又不忽视对材料的通篇理解，所以要求学生把分析性听能与综合性听能结合起来，以适应题目的要求。每个听力活动都应有其目的，训练一个或者多个具体的听力技能。一个听力活动也可具有一个或多个训练目标，但要注意不要给不同阶段的学生过重的学习负担。让学生明确每次听力理解的目标，这将有助于学生选择恰当的听力技巧并进行练习。围绕听力活动的目的，教师要采取多种手段综合训练，单一的听力训练很容易造成课堂气氛沉闷，使学生对听力失去兴趣。

（四）分散训练和集中训练相结合

分散训练主要贯穿在语音、词汇、语法和课文等教学中进行，即通过语言教学，不自觉地让学生接受听力的专项训练。例如，在词汇教学中，学生应在掌握词汇用法的同时能感知该词的发音，并听懂该词汇在具体应用中的句子。如在教 conscience 一词时，学生应熟悉正确发音 ['kɒnʃ(ə)ns]，并与 conscious[' kɒnʃəs] 区别开，从而在以后的听力中不至于把两者混淆。分散训练要求教师在日常教学中尽量多用地道英语，例句、文章尽可能口头完成。这样也是潜移默化地对学生进行听力训练。集中训练指在分散训练的基础上，每周专门抽出 1 ~ 2 个课时进行大量的、有指导的强化训练，对学生在听力中遇到的具体问题进行具体的帮助、指导。如对 tomato 这一词，学生在听力中听到的是 [tə'meɪtou] 而不解其意，误认为是 potato，这就需要教师指出 tomato 在美国和英国发音的差异，从而为学生理解扫除障碍。集中训练时可以有针对性地抽取听力理解难点，如词语的连读、弱读，供学生训练，从而减少学生在此方面理解的偏差。

三、英语听力训练中的策略

听力策略是在听力过程中体现和运用的，主要有以下几种。

（一）调控策略

当听一篇课文时，学习者会在听音中出现注意力瞬间终止的现象，当发生这种情况时，听力强的学习者会立刻意识到自己的注意力不集中，并很快能自觉地把注意力重新集中到听力材料上；而听力弱的学习者则只顾前不顾后，一遇生词就会停止听音，陷入对生词的苦思冥想中，无法使自己的注意力重新回到所听的材料上。

（二）切分策略

通过观察我们发现，听者对不同长度的信号在反应时间上并无明显的区别，一个意群被感知的速度不会低于音素被感知的速度。听力强的学习者依据讲话者的语调和停顿，能把口头话语划分成尽可能长的意群，因为任何讲述都要依据段落和意义进行停顿。如果听者的切分能与讲话者的停顿相吻合，就会大大地缩短听者对语言符号反应的时间，使听者更有效而准确地理解语篇；听力差的学习者总是以单词为单位，期望听清每个单词，最终却只能记住支离破碎的几个词或句子，对整个语篇不能形成整体的理解。

（三）记忆策略

通常听者如不采取一定的策略，极难记住长段的内容和全部细节，这会影响听者对材料的正确理解。听力好的学习者，一般在听音过程中善于利用英语特有的停顿、节奏等，抓住有利时机快速记下有用的信息，在必要时通过笔记等立刻激起已有记忆，使音、义、形快速联系，从而对语篇作出正确的理解；而听力差的学生不善于做笔记，不知道该记什么，而且抓不住做笔记的有利时机，听时不能写，写时不能听，有时由于速度过慢而顾此失彼，两头都不能兼顾。

（四）预测和选择策略

当听一个语篇时，听者没有必要也不可能把整个单词或单句都听得很清楚。听力强的学习者在听语篇时善于通过预测选择要点，往往能根据选择项推知材料的大致内容，如会出现哪类专有名词、会提出什么样的问题，这样便可以争取主动，对即将听到的语篇做到心中有数，解题时也就得心应手了。另外，这类学习者还善于捕捉段首句、主题句和过渡性词语等来掌握段落内容、中心思想，厘清句与句、段与段之间的逻辑关系，完整理解整个语篇。这是因为段首句大多是表达段落中心思想的主题句，它简明扼要地告诉听者段落的内容，而过渡性词语则表现出出题人的思路、时间和空间、举例和例证、对照和比较、引申和转折、推论和总结等逻辑关系，它对整个语篇的理解起着不可忽视的作用；听力差的学习者则往往抓不住要点，跳不出单词或句子的圈子，常把注意力集中到词和句子的具体细节上，抓不住文章的主要信息，只见树木而不见森林。

（五）联系策略

联系策略是把新信息同先前的知识或同新信息中的其他内容相联系的策略。它是一种有助于理解和记忆的高级策略。听力强的学习者善于把新信息同先前的知识相结合，他不仅能充分利用已有信息推出另一信息，而且还能通过把新信息与先前的知识类比来推测不熟悉的单词或词组的意义。此外，听力强的学习者还善于运用个人经验，对新信息作出评论性的判断；听力差的学习者则不能充分利用自己的现有知识，对新材料缺乏细致的体会，因此也就不能把新信息与自己的生活相联系。

（六）推理策略

推理策略是运用已有知识和听力材料中的新信息猜测意义或补充失去信息的策略。在交际环境中，大量信息的获得不是单靠简单地输入词句结构就可以实现的，而是在很大程度上要依靠、利用现有知识联想讲话的具体环境、讲话者之间的关系等隐含线索以对输入的新信息进行逻辑推理来实现的。听力强的学习者由于具备记忆听力资料、选择要点、解析资料以及将知识与经验相结合等能力，容易在已有知识、段首句、主题句以及具体语境的启发下推断出生词的词义、语篇的中心思想以及材料深层的隐含意义；相反，听力差的学习者由于缺乏各种听力理解策略，因而在推理方面表现得不理想，其理解水平只能停留在材料表面的词句结构上，不能对语篇作出准确、透彻的理解。

教师在听力教学过程中需要做两方面的工作：一是帮助学生建立与教学内容相关的图式。要做到这一点，就必须注重文化背景知识的传授，如英美国家的经济、宗教、习俗等。同时，也不能忽视语言图式的建立，包括语音、词汇、语法等方面知识的传授。学生应该打好语音基础，自己的发音标准了才能确保听音的正确。应该熟悉和掌握英语的音素、音节、重音以及音的同化、失去爆破，音节的重读和弱化，包括词与词构成的意群、句子的语调等，还要能够辨别和听懂英式和美式等不同的音调和风格。二是要设法激活学生头脑中已有的图式，把他们的知识和经验充分调动起来，从而增强消化吸收新知识的能力。从组织教学的角度看，充实学生的知识图式结构要比设法激活它更容易做到。在课堂上，教师要有计划、有步骤地训练学生掌握一些单项听力技巧。

教师在课堂上应把听力理解的训练放在重要位置，并且鼓励学生在课外利用各种渠道接触听说，强化这方面的能力。学生平时要多朗读英语文章，坚持不懈地、广泛地听各种不同的英语有声材料。教师可以把听力教学分为三个阶段：听前阶段、听中阶段和听后阶段。在听之前，教师可以通过预测练习或利用关键词来提示材料的背景、范围、功能，激活学生内在的相关词语、句式以及其他已知信息。学生对于有关听力测试的材料要多听、反复听，做到凡是看得懂的都能听得懂，摸透考试路子，只有这样才能稳步提高自己的听力技能，游刃有余地驾驭听力理解考试。

第三节 高校英语写作教学

一、英语写作教学概述

写作是一项语言输出技能。在英语听、说、读、写等技能中，写作对学习者的要求最高。在英语写作的过程中，学生不仅要掌握拼写、标点等写作基本知识，并具有用英语遣词造句的能力，而且需要以英语思维方式创造性地、合乎逻辑地表达思想，因此英语写作教学对教师的要求也很高。

从写作本身的功能来看，写作是交际的需要，书面交际可以打破时空的限制，实现作者和读者之间的交流。尽管现代科技极其发达，人们可以采用各种通信手段进行口语交流活动，但是仍有大量的交际活动需要以书面的方式完成。另外，从英语学习者的角度来看，写作在英语学习过程中也起着重要的作用。写作能力的提高可以促进听、说、读能力的提高。写作是一种语言实践活动，在培养学生交际能力的过程中，能起到承上启下的作用。写作不仅有助于巩固经由读和听输入的语言材料，促使语言知识的内在化，提高语言运用的准确性，而且还能为实质性的口语能力奠定扎实的基础。[①]

二、高校英语写作教学面临的主要问题

（一）教学理论的学习和教学思想的运用问题

以前，我国的英语研究者对第二语言写作研究的热情不高。这一现象形成的原因是多方面的：一是受交际法教学思想的影响，过分强调口头交际能力的培养，忽视写作能力的发展；二是在二语习得理论发展的过程中，对书面话语的产出研究不够重视，客观上弱化了笔头能力的培养和研究；三是经济与教育全球化的趋势迫使教育行政部门将培养口头交际能力作为英语教育的重要目标。英语写作研究的边缘化使得英语教学者对于该方面的教学理论不太关注，教学思想陈旧，从而导致了从教学模式的确定、教学方法的运用、教材的编写与选用到教师自身专业化发展以及学生写作学业评估等方面的一系列问题，一定程度上阻碍了英语写作教学的发展。

（二）教学模式和教学方法的取舍与运用问题

在历史发展进程中，英语写作教学模式经历了 20 世纪 40 年代文本分析阶段的控制性作文模式、20 世纪 60 年代的对比修辞模式、20 世纪 70 年代的写作过程模式。三种教学模式的结合构成了当代写作与写作教学的基本观点。同时，与之相适应的教学方法也层出不穷，如结果法、过程法、体裁法等，以及几种教学法的结合或变式，如体裁过程法、体裁对比分析法、任务教学法，等等。对写作教学模式和教学法的研究探讨从理论上来说是可以促进写作教学的发展的，但遗憾的是，对各种新教学法，讨论归讨论，研究归研究，体现在行动上却是依然故我，造成理论与实践的脱节。大部分英语教师对国内外前沿的写作教学理念了解甚少，即使有心关注，面对种种教学法也不知如何取舍，更不可能在考试的压力之下和有限的教学课时里贸然实践，无奈之下，因循守旧成为安全之策。当然，也有些教师曾尝试过在写作教学中采用新的教学方法，但由于对新教学方法的理解与消化都有机械照搬的痕迹，因此很难取得令人满意的效果。对于新教学法的将信将疑使得教学重回老路，教学中仍然采用比较传统的成果教学法或更为机械

① 刁佳琪. 大学英语写作教学探索：过程导向的项目式写作教学 [J]. 海外英语，2022（6）：97–98.

的形式法，强调句子结构、语法等形而上的东西，教师仍然处于教学的中心，学生只能被动地接受知识。此种教学模式的另一个副作用便是对于学生写作学习的评价会出现偏差。它通常只对学生习作成品进行评估，评估的标准通常也是以考试为依据，着重习作中选词、句子、语法等语言方面的评判。至于学生在学习写作的过程中认知的表现，情感及思维的表达，与社会的交流，发现问题、获取信息、处理信息、管理学习、自我发展等能力方面的形成性评价却很少涉及。长此以往，写作课程教学渐渐失去了对人才培养应有的作用，写作教师也在迷茫困顿中失去了创新的热情。

（三）教材的选用和教学内容的创新处理问题

交际法大师威多森强调语言的“潜在运用价值”，认为所选的教学材料应该是对学习者最有用、最有可能在将来的各种交际活动中运用到的语言项目。可见，分析学习者的需求是编写教材和选用教材的重要前提。因此，以语言在交际中的运用为纲而编写的英语应用文成为写作教学的首选。然而事实上我们面临两大难题：一是目前英语写作教学一直没有专用的教材，涉及写作的内容只是作为基础英语教材的附属部分穿插于各个单元的练习中。教师在教学中对待写作就如同讲解一项练习一样，常常是一带而过，这导致了写作学习缺乏系统性；二是到现在为止还没有一本真正在体裁分析理论指导下编写的英语应用文写作教材。大多数教材体裁意识淡薄，比较重视写作知识的教授，忽视了对学生语篇分析与评价能力的培养。

三、高校英语写作教学的目标和原则

（一）高校英语写作教学的目标

社会的发展对非英语专业高校毕业生的英语水平提出了更高的要求。人才市场对人才的要求也因此不断提高，能否流利地运用英语与外界交往成为考查工作能力的必要指标。

一般要求：能完成一般性写作任务，能描述个人经历、观感、情感和发生的事件等，能写常见的应用文，能在半小时内就一般性话题或提纲写出不少于 120 个词的短文，内容基本完整，中心思想明确，用词恰当，语意连贯，能掌握基本的写作技能。

较高要求：能就一般性的主题表达个人的基本观点，能写所学专业论文的英文摘要，能撰写所学专业的英语小论文，能描述各种图表，能在半个小时内写出160个词的短文，内容完整，条理清晰，文理通顺。

更高要求：能用英语撰写所学专业的简短报告和论文，能以书面形式比较自如地表达个人的观点，能在半小时内写出不少于200个词的说明文或议论文，思想表达清楚，内容丰富，文章结构清晰，逻辑性强。

（二）高校英语写作教学的原则

1. 循序渐进原则

目前的英语教学中，学生被动地接受知识的时间比运用知识进行实际交流的时间多。“说”和“写”这两个涉及语言输出的主要环节都是教学的薄弱环节，学生很少有机会通过语言的使用提高语言能力。写作教学从中学到大学没有循序渐进的过程，跳跃较大。教师应该为不同层次的写作教学确定不同的目标，每一阶段均应有所侧重，从低到高，由浅入深，由易到难，循序渐进，一环紧扣一环地进行训练。英国语言学家 L. G. 亚历山大在其提出的写作方针中强调了划分阶段、循序渐进的思想。卜玉坤教授以此为理论基础，具体研究并尝试了“高校英语写作分阶段教学的具体方案”，他将整个写作教学过程按其知识层次的先后和写作特点分为以下十个阶段：①写简单句；②写复合句；③段落的组成及要点；④段落的发展方法；⑤文章的文体类别；⑥文章的结构；⑦写作步骤；⑧写作的书面技术细节与修辞手段；⑨范文分析和题型仿写；⑩独立撰写实践。

不同教师具体教学实施的阶段划分可以不尽相同，教学重点也要“因材而异”，但词汇、语法、语篇技巧，由易到难、由简单到复杂、由低级到高级的循序渐进的方法却是写作教学的一般规律。

2. 对比原则

我国语言学家王力先生曾指出，外语教学最有效的方法就是中英语言的比较教学。语言学家吕叔湘先生也曾说过，对中国学生最有用的帮助是让他认识英语和汉语的差别。在每一个具体的问题——词形、词意、语法范畴、句子结构上，都尽可能用汉语的情况来跟英语作比较，让他们通过这种比较得到更深刻的领会：英语习得不同于母语习得。一方面，英语习得没有母语习得时所具有的得天独厚的语言环境，不可能以自然的方式习得；另一方面，英语习得又是在母语水平达到相当程度的条件下进行的，英语习得不可能不受母语的影响。同为语言，母语与英语既有相同相似之处，也有相异相斥之处。通过比较它们的异同来学习，必然会收到事半功倍的效果。就写作而言，汉语（母语）写作是在汉语口语技能已经相当发达的基础上进行的，写作教学的主要任务是将口头语言笔头化、逻辑严密化、思维清晰化，使作品符合写作规范；英语（英语）写作却不同，写作者一般不具备完善的用英语进行解码和编码的能力，然而却具备相当程度的汉语写作能力，如果不系统地在语言的各个层面上加以区别和比较，这种能力会自动、机械地迁移到英语写作过程中，从而产生“中式英语”。学生习作所犯的错误中，大部分是由于汉语负向迁移所致。例如，汉语中的动词没有时态的概念，名词没有单复数的词形变化，这种汉语语言知识直接迁移到英语中就会造出“I go downtown yesterday.” “John receive present from Mary two day ago.”这类有严重语法错误的句子。

四、写作教学改革的新思路

在所有语言技能中，写作水平是最不容易提高的。只传授给学生写作知识还远远不够，更重要的是要让他们在反复的实践中将知识转化为能熟练应用的写作技能。英语写作是一门综合性很强的语言技能，要切实提高或获得这一技能就必须在平时的教学中有计划地系统训练。

（一）加强实用英语写作的教学

根据学生的迫切需求以及社会对人才的要求，加强实用英语写作势在必行。学生对议论文、说明文、记叙文的写作模式比较熟悉，而对那些申请表、个人简历、求职信、通知、祝贺卡等日常生活中必备的交际手段却无所适从。这一缺陷严重影响了学生的日常交流，对学生日后走上工作岗位或进一步在国内外进行深造造成了障碍。

（二）听、说、读、写、译相结合

1. 以“听”导“写”

听力既是一个理解、记忆的过程，也是一个语言输入的过程。学生可通过原有的语言知识、文化背景知识加深对听力材料的正确理解。原文的篇章结构、模式、语言风格以及一些恰当的语言表达法，这一切又无疑为写作提供了必要的输入。教师可以在课堂上利用几分钟的时间，找一些短小有趣、难易程度相当的幽默故事、科普短文或课文缩写，对学生进行听写训练。这些短文中所用的都是学生学过的一些常用词及语法，由简到难、循序渐进地加大难度。教师要鼓励学生尽量将在听力训练中学到的单词、句型、地道的表达法用到日常的写作中去。这将大大丰富他们的写作素材、表达方式，让他们在写作时更加得心应手。

2. 以“说”带“写”

说在整个写作过程中起着十分重要的作用。课堂讨论不仅有助于母语写作者，而且有助于二语写作者挖掘写作题材、进行文字编码，并进一步意识到写作过程的方方面面。因此，在写作之前围绕作文题组织讨论十分必要。学生可以围绕主题分组讨论，深入挖掘写作内容，相互启发，拓展思路，集思广益。以“说”带“写”的模式能使学生的写作思路更为清晰，写作内容更为丰富，写作语言更为地道，写作兴趣更为浓厚。

3. 以读促写

大量阅读是语言输入的重要途径之一。俗话说：“巧妇难为无米之炊。”假如没有语言输入，那么语言的输出就会成为无源之水、无本之木。阅读是理解他人的思想、了解外部的事情，而写作则是表达自己的思想。写作能力很大程度上取决于阅读理解能力。反之，写作能力的提高也有助于阅读理解能力的提高，二者相辅相成。大量的研究表明，阅读能力强的学生要比阅读能力差的学生在措辞、句子结构、谋篇布局和语言风格等方面都略胜一筹。因此，在阅读课上，要特别注重引导学生分析作者的写作意图、写作思路，掌握文章的整体内容；还要鼓励学生大量阅读英语原文，从中汲取营养，活学活用。这样既能提高学生的阅读能力，又能增加语言输入，培养语感，使学生写出的文章更有血有肉、丰富多彩。

针对学生写作思路混乱、抓不住中心、下笔离题、掌握不好段落及篇章的写作技巧等问题，在阅读课上，教师应尤其注重培养学生掌握语篇分析能力。培养学生的语篇分析能力就是培养学生认识、分析段落以及由这些段落连接起来组成的表达完整思想的文章，使他们在阅读全文后能理解文章的中心思想，了解作者的写作意图、观点和态度，从而带动、提高他们的写作能力。

4. 以译助写

实践证明，写作能力与翻译能力密切相关。由于对地道的英语表达法掌握得不够或不好，往往出现“中国式英语”，这是教师改作文时最头疼的问题。为了解决这个问题，我们不妨布置一定的汉译英练习，从而就两种语言在选词、句法结构、表达习惯等方面进行对比分析，使学生熟悉英语习惯表达法，减少汉语思维的干扰。日积月累的翻译训练一定会对学生写作能力的提高起到直接的作用。

（三）让学生意识到写作具有的交际功能

在写作者心中应有潜在的读者对象，而不是单纯地为写作而写作。语言学认为，语言是一种特殊的符号系统。人类的交际活动和思维反映不是通过语句来实现的，而是通过语篇来实现的。当然，写作者是以字、词等基本单元进行写作，但孤立的词语并不能实现和反映任何一种社会文化意义。要实现社会意义，就要求写作者选择词语、衔接句子、安排新信息、考虑语境，使其要传递的信息是连续的、完整的和不可分割的，以达到实现语言交际功能的目的。

五、高校英语写作技巧指导

（一）自由写作

自由写作是一种思维激发活动，它像一个开启思维感情的闸门。在目前较为流行的写作过程教学法中，自由写作是创作阶段的一个主要的活动形式。它的主要目的是克服写作的心理压力，激发思维活动，探索主题内容。强化自由写作，一方面是生活的需要。写作学习的第一目的应该是为生活和终身学习服务。在日常生活中，大量的写作是抒写自己的生活感受、思想情感，当然都是自己立意、选材、构思。因此，自由写作更合乎写作的本质，更自然、本色，也更能体现生活的需要。另一个目的是培养创新意识的需要。这一点在目前显得尤为重要，强调“自由”地写，在写作中学会发现问题，独立思考，形成自己的见解。另外，写作过程实际上是学习社会、认识世界，进而学会做人的过程。强调自由写作、自由发表，让学生可以更自由地表达他们的思想、价值观，增进师生间的沟通交流，给教师了解学生、指导学生提供了平台。

（二）抓住读者

所有的写作者都需要在写作过程中时刻小心，有意识地引导读者在阅读时不脱离轨道。对此，写作者需要采用某些具体策略来抓住读者的注意力。

1. 选择一个好标题

标题往往是对文章内容的一种提炼，好标题的特点可以概括为准确、具体、新颖、简练。所谓准确，即要求标题和文章在内容上是吻合的；所谓具体，是指标题在意义上不宜过宽、过泛；所谓新颖，是指标题应不落俗套，具有鲜明、生动、能激发读者兴趣等特性；所谓简练，是指尽可能用较少的文字表达较具体的内容，能用几个词或短语的就不用完整的句子。只有对标题进行充分锤炼、斟酌，才能得到具有“画龙点睛”、概括全篇作用的合适的标题。标题对一开始就与读者建立良好关系起到关键作用。好的标题能为读者控制和聚焦主题，有助于正确地引导读者，还可以为读者处理写作者的信息作准备，从而使他们更容易理解写作者的意图。对于较复杂的主题，可以提供副标题。好的标题还要便于识别和分类，要防止标题矫揉造作、随意，或者过于含糊不清，这样会误导读者，甚至使他们感到恼火。

2. 要有强有力的开篇

任何一篇文章的开头都至关重要。文章的开头几段可能赢得读者，也可能失去读者。如果想抓住读者，就要在 90 秒内说服他们，要写出令他们感兴趣的内容、他们需要的信息，或者对他们有利用价值的内容。如果采用冗长、平淡、乏味的段落开篇，或者没有把主题阐明清楚，就可能会失去读者。所以开篇极为重要，写作者必须对开头几段仔细考虑和处理。在开篇时始终记住“Good openings let the reader know that what to expect.”，在开头部分要向读者作出承诺，激起读者的期待，然后在下文中兑现写作者的期许。常见的开篇方式有两种：一是激发读者兴趣，二是提供信息。如果想激发读者的兴趣，可以采用一段逸事、一段引语、一个比喻或一个典型开头。哪一种开篇形式好没有定论，要根据写作目的和对读者期望的理解而定。激发兴趣的开篇如果进入主题太晚也会让读者感到不耐烦，而直接提供信息的开篇虽然缺少趣味，但是通常较安全。开篇段落的作用和标题一样，主要是吸引读者。此外，还能预测文章内容、列出读者继续阅读的理由、确定文章的风格。

（三）反复修改

修改是写作过程中一个非常重要的环节。修改是一个再认识、再发现和再创造的过程。修改可以使文章的题目、写作目的与读者的要求更加吻合，内容更加完整，结构更加合理。文章修改的过程是一个梳理思想、整理文字的工作，是在写作的基础上进行的再创作。初稿完成后，非常有必要对之前的酝酿和构思进行再审视，以检查主题是否鲜明、立意是否明确、文理是否清晰、结构是否合理、形象是否鲜明、比喻是否恰当、表达是否准确，等等。对于修改中发现的问题，则需要反复地推敲，以求贴切地表现立意和主题；甚至有时把一篇文章推倒重来，重新安排结构和组织文字。文章修改需要付出大量的精力和心血，有时并不少于创作过程。当作者把改好的文章与没修改的文章作对比就会发现其中的进步，所以说，文章修改是写作过程中必不可少的工序。

第四节　高校英语口语教学

一、英语口语教学的理论基础

（一）口语表达的心理过程

口语表达是人类的口头交际形式，它既是人的发音器官的一种生理活动，同时又是一项复杂的心理活动。口语表达的心理过程从信息加工理论的角度来说，包括“编码—传码”。编码，即说话人在说话动机的驱使下，用极简缩的内部语言确定说话的大致内容，接着将大脑中储存的词语、句子、语气选择出来，按照一定的语法规范组织起来，形成比较完整的内部语言，这就是编码的心理过程。传码，当说话人的内部语言组织完毕之后，说话人就会迅速地借助发音器官——呼吸器官、喉头和声带、口腔和鼻腔的协调运动，将内部语言转换成有声的外部语言，传达给听话人，这就是说话传码的心理过程。①

在“编码—传码”这一过程中，有三个明显的心理特点。

1. 思维的敏捷性

口语表达都是两个人或多个人面对面的交流，这样的情景使说话人不可能说说停停、停停说说，一般都是按逻辑、随语流、连续不断地把一件事、一个问题说完，以免造成时间空当而冷场。这就需要说话人快速地组织内部言语，快速从大脑词汇库中搜寻筛选出准确的、生动的、形象的词语，按照语法规范造完整的句子（编码），然后借助发音器官的活动清晰而流畅地、富有感情地传达出去（传码）。这种瞬息之间持续循环的遣词—造句—传达，就是口语表达“编码—传码”的敏捷性。

① 朱恒华，于蕾．大学英语口语有效教学策略探究 [J]. 海外英语，2022（5）：170-171.

2. 思维的选择加工性

口语表达总是要传达一定的思想内容，或叙述一件事情，或介绍一个东西，或证明一个观点，但无论表达什么内容，都必须借助词语、句式、语气等。这就需要大脑从储存库中选择准确的词语、恰当的句式、合适的语气，并按一定的规范把这些材料编辑成一个表意的句子，然后才能传达出去。

3. 思维的零乱性和疏漏性

无论说话人思维怎样敏捷，在现想现说的口头交际活动中，有时想（编码）是跟不上说（传码）的，这就造成了想与说之间的速度差。说话人为了弥补这种速度差，往往填充一些“啊、嗯、这个、那个”之类的语言杂质，或重说前面的内容，或补充前面的内容，致使传码结结巴巴、颠三倒四。由于编码需要快速反应，传码往往句子短、少修饰、有省略、有追加等，使得表意不完整、不严密。

（二）影响说的因素

1. 心理因素

口语表达是一个非常复杂的心理过程，要想使这一过程顺利高效地完成，需要讲话者处于轻松的、精力集中的状态。紧张、恐惧、焦虑等不良情绪都会影响口语产生过程的正常进行。

2. 文化因素

语言是交际的工具，语言的使用是一种社会契约。在不同的文化中，人们在什么时间、什么地点、向什么人、用什么样的方式、讲什么样的话都有固定的规则习惯，英语学习者需要学习并掌握这些规则才能有效地使用语言进行交流。

3. 语言因素

语言是由语音、词汇、短语、句子和语篇构成的，足够的语言知识是口语表达的基础。尤其是要掌握一些常用的习语和句型。每种语言都有一定数量的习语和基本句型，它们往往是一些常用的具有特定意义的句子、短语甚至单词，学习者要将它们熟记，而不必进行语法分析，这样才可以在使用的时候张口就来，从而大大减轻口语产生过程中的工作负担，提高口语的流利程度。

4. 背景知识因素

在听力教学部分谈到，学生的知识面直接影响他们听力理解的能力，学生对熟悉的内容听起来会更加容易。同样，背景知识也会影响学生的口语表达。口语交际要做到言之有物，首先要求学生要具备相关的知识。

语言结构知识，包括语音、词汇和语法，学生能够使用正确的单词，按照正确的次序排列，并发出正确的读音。

功能，包括信息的传递与互动，学生要知道什么时候表达清楚的信息，什么时候不需要精确地理解全部信息。

社会文化规则与规范，包括话语的转换、讲话的速度、停顿的长短、参与者的角色等，学生要知道如何在谈话时把谈话人之间的关系、具体的环境、谈话的主题和谈话的目的考虑在内。

（三）会话结构

会话是说话人与听话人在同一时空内进行的有特定交际目的的言语行为，是日常言语交际里最常见的言语行为。所谓会话结构，简单地说，就是一次会话中由会话前阶段、会话实施阶段和会话后阶段构成的完整结构。口语表达能力主要指参与会话的能力，因此，会话结构分析对于口语教学具有重要的指导意义。会话应有一个总体结构，用于不同目的、不同环境下的会话会呈现出不同的模式。会话的总体结构通常被认为由开端、主体和结尾三个部分组成。

会话的特点是话轮转换，发话者和受话者不断地交换角色。日常会话的基本结构单位就是话轮，构成话轮的语言单位可以是一个字、词、句子或更大的单位。会话中有一条潜在的规则，即每次至少有一方但又不多于一方在说话，会话者自然地、无意识地遵守着这样的规则。会话中，每个人一次说的话称为一个话轮。话轮单位的特征：①能够预测它的终结位置；②能够在单位内具体表明终结时邀请哪一个人接着说话。

二、高校英语口语教学面临的主要问题

（一）主观原因

1. 学生对口语表达缺乏信心

由于课堂过分重视知识的输入，忽视输出或输出不足，且高校学生英语词汇量掌握甚少，语音、语调和语言运用能力等方面不足，使得其对口语表达缺乏信心，担心无话可说或出错而羞于开口；我国高校学生较为含蓄谦虚，课堂上不愿主动发言，课外不愿与人沟通表达自己的思想，更不愿与陌生人交流。因此高校学生开口难，顺畅准确地表述则更难，越怕就越不敢说，越不说就越不会说，长

此以往，导致恶性循环，这些都制约了口语教学和高校学生口语能力的提高。

2. 忽视英汉文化和语言思维差异

顺畅的口语交流只是人们语用交流的表现形式之一，究其根本是交流双方所代表的不同文化和语言思维方式的相互理解与认可。文化差异导致中英两种语言在表达形式、思维方式、内部系统和语用条件等方面不尽相同。因此，从跨文化交际的角度来看，学生要重视文化差异对口语交际能力的影响。然而高校学生往往忽略这点，导致在口语交际中沿用中文的表达方式，造成思维混乱、逻辑错误、词不达意，使听者一头雾水，最终导致交流不畅。

（二）客观原因

1. 学校对口语课重视不足

在不少高校中，无论从课程结构、课程体系还是从课程安排等方面来看，英语口语课程都未得到足够重视。特别是在非英语专业中，高校英语基础课程主要分为精读和听说两大类。高校学生认为精读课更重要，从精读课上可以学到知识，在考试中可以提高成绩，平时阅读应用较广；听说课由于受到班级规模、教学设施等限制，课堂上大多是以学生“听”为主，留给学生口语表达的时间少之甚少，英语口语表达依然得不到锻炼，且学生们认为听说课可有可无，出席率不高。

2. 教师自身水平有限

优秀的教师团队是高校开展英语素质教育的根本和关键所在，因为教学模式和教学方法等都是由教师落实完成的，英语教师自身的基本功必须过硬。英语教师自身的业务水平及文化素质很大程度上关系着口语教学的效果。优秀的教师是保证口语教学质量的基础和前提，对教师而言，英语与汉语的对比转换能力必不可少，这也是高校英语素质教育对教师提出的最基本的要求。高校英语教师有责任提高自身的汉语修养，将英汉两种语言同时进行深造，争取使自身的语言水平得到提高。除此之外，教师必须熟练掌握英汉两种语言的特点和差异，这对提高口语教学效果起着重要的作用。

3. 缺乏口语练习环境，受母语负面影响大

口语练习环境也是影响口语教学的一个重要因素。学生学习英语主要是在课堂上，课外自学一般限于阅读、听力等，很少有练习口语的机会和语言环境。学生在日常生活中接触的是汉语语言环境，很难进行英语口语操练，其英语口语很

难达到理想水平。因此，母语的语言环境制约了学生英语口语能力的提高。无论是基本的语音、语调，还是遣词造句，学生都会受到母语的影响，要克服这方面的影响则需要付出更多的努力。

三、高校英语口语教学的目标和原则

（一）高校英语口语教学的目标

英语口语是英语学习的升华，是英语语言体系中一种与时间、努力和付出成正比的基本技能，是一种需要不停地学习、训练，并结合实际运用才能掌握的能力。随着经济全球化的发展，中国对外交流日趋频繁，社会各界对口语好的专业人才的需求急剧上升。为了适应新形势的需要，高校对学生的口语表达能力作出了具体要求。

一般要求：能在学习过程中用英语交流，并能就某一主题进行讨论，能就日常话题用英语进行交谈，能经准备后就所熟悉的话题作简短发言，表达比较清楚，语音、语调基本准确，能在交谈中使用基本的会话策略。

较高要求：能用英语就一般性话题进行比较流利的会话，能基本表达个人意见、情感、观点等，能基本陈述事实、理由和描述事件，表达清楚，语音、语调基本准确。

更高要求：能较为流利、准确地就一般或专业性话题进行对话或讨论，能用简练的语言概括篇幅较长、有一定语言难度的文本或讲话，能在国际会议和专业交流中宣读论文并参加讨论。

（二）高校英语口语教学的原则

1. 尊重学生的主体性原则

口语课的成功与否在很大程度上取决于教师与学生的定位是否准确。口语教学应把课堂的中心转移到学生身上，学生应该是教学的出发点，是教学活动中积极主动的参与者。保持学生的这种积极性和主动性是口语教学的关键。但从口语教学实践来看，尽管大部分学生对口语学习有高涨的热情和强烈的动机，但有的学生由于对口语课的特点认识不清、把握不准，在交际过程中一旦遇到困难、没有达到预期效果，便会心灰意冷，甚至产生畏难情绪。这种情绪又反过来在某种程度上削弱学生的学习动机，挫伤其积极性，这就要求教师在教学过程中采取相应的措施去激发和保持学生的学习动机。因此，教师在教学过程中应保持教学内容的新颖性，课堂讨论的话题应该对学生具有吸引力。学生对于一些自身感兴趣的话题，讨论起来会更加积极主动。在开展口语活动尤其是自由表达时，教师纠正错误不宜过多，可采用互相纠错、全班纠正等多种形式纠正明显的基本结构错误。实际操练时，应以鼓励为主，避免语气生硬或言辞激烈，否则会挫伤学生的积极性。

2. 先听后说、循序渐进原则

听是说的前提条件，在交际活动中听和说是相辅相成的两个方面。学生通过听获得知识信息，接触到大量的英语词汇，进而激发表达思想的强烈愿望。只有具备大量的语言储备，才会有真正意义上的口语会话，这也是大量听的必然结果。可见在听懂的基础上进行模仿，不仅能够加快反应，还能提高说的能力。遵循这个原则，可以在组织学生复述故事之前先让他们听懂情节，然后再抓大意、记细节，让学生互相提问、交换意见，最终能用自己的话复述完整的故事。

3. 情景带动运用原则

语言的运用总是在一定的情景和场合下进行的，因此，从开始学习英语就要强调情景的重要性。情景能帮助学生跳出理解的瓶颈，也是指导学生正确使用语言的关键。设置一定的情景进行口语练习，可以检查学生恰当使用所学语言的情况，也可以使学生学习如何在新的场景下创造性地运用语言。可以对不同阶段的学生在同一情景下提出不同的要求，只要开动脑筋，情景是丰富多彩的，针对每个情景所需要完成的任务也是多种多样的。

四、英语口语教学的模式

（一）一般模式

一般模式通常包括四个阶段，即背景铺垫（学生听）—布置任务（教师说）—执行任务（学生说）—检查结果（教师说）。

第一阶段是引导阶段，这个阶段可以采取不同的形式，如让学生阅读资料或观看实物与画面等。至于听力材料的选择也没有统一的要求，可以是教师朗读文章或讲述故事，也可以是听录音资料。事实上，无论学生听的形式怎样，也无论听到的内容是什么，其目的都是为学生将要执行的任务创造情境、提供背景信息。

第二阶段即教师布置任务阶段，此阶段的目的是为学生的“说”确立目标、制定方案、组织活动。第二阶段的过程虽然很短暂，却是为第三阶段服务的，为第三阶段能够顺利进行奠定基础。

第三阶段就是执行任务，也即学生“说”的阶段，是整个口语教学的重点。在这一阶段，教师要尽可能地保持沉默，不要干预学生说话，不要占用他们的时间。让学生进行口语练习，重要的是让学生开口说话，而不是评价学生说对了几句英语。另外，教师也要合理控制好这个阶段的活动时间，最佳的活动时间应大约占整个活动时间的 80%。

第四阶段主要是教师检查任务的完成情况，其主要目的是对学生的口语活动进行及时的总结，指出活动的不足，提出必要的建议等。

（二）3P 模式

3P 模式就是把课堂教学划分为三个环节依次进行，这三个环节是 presentation（展示）—practice（练习）—production（表达）。这是目前世界上运用最为普遍的第二语言教学模式，在英语教学界也是如此。

在 presentation 阶段，教师把新的语言项目通过解释、示范、举例、角色扮演等方式向学生进行介绍，包括语法、句法、会话技巧、功能等，使新内容在有意义的语境中进行，而不是脱离上下文孤立地呈现句子或语法规则。在呈现过程中，教师要集中学生的注意力，并检查他们是否能听懂、理解新的语言点。在这一阶段要确定课堂的教学目标和教学内容。

在 practice 阶段，教师为学生提供各种机会，让学生采取句型操练等多种形式展示内容，练习的程度也是由易到难，逐步加深。教师对活动的引导也是由控制到半控制，逐步增强学生的自主性。这种有控制的操练，目的是训练学生使用语言的准确度。

在 production 阶段，教师为学生将其新学到的语言知识和交际技能融入已有的知识之中进行综合使用提供机会，以达到学生可以在自己语言能力范围内自由地运用语言进行交际的目的。这一阶段可以增强学生的成就感，使其对口语学习产生浓厚的兴趣。

该教学模式以强化语言知识技能、提高语用能力、注重语言的准确性和流利性为目标，引导学生积极参与、合作探究。这三个阶段教学程序清楚、明确，并且各阶段也都有其中心目标，在注重准确性的同时把流利性放到重要位置。在具体教学中，其以实用性、实效性以及可操作性赢得了广大英语教师的青睐。然而对于 3P 模式也有持否定态度的，他们对于三个阶段之间存在的内在逻辑性，以及准确性向流利性过渡的可靠性持怀疑态度，认为该模式过度强调准确，大大限制了学习者广泛接触目标语的机会，并且缺乏有意义的语言运用功能，没有实现真正意义上的交际。

五、英语口语训练的策略

高校英语口语教学的根本目的是帮助学生习得运用语言的能力，使其能够运用所学语言进行跨文化交际。因此，教师要有计划、有目的地开展多种口语训练活动，拓展学生运用英语交际的思维。

（一）开展日常口语会话

学生要熟练掌握日常口语会话，就必须掌握范围广阔的、基本相当的日常用语，以服务于交际目的。如怎样问路与指路，怎样发出与接受邀请，怎样抱怨与安慰别人，怎样表达喜恶、赞同与异议等。这些问题看似简单，但由于中西文化及语言的差异，很多学生不知如何应对。教师应在单元学习中的基础会话部分将学生感到困难的关键句列出来，然后将学生分组，以设计情景、组织对话并进行反复实践，使他们对自己使用不当或不得体的语言逐步加深印象。

（二）模仿

模仿对于口语练习是十分重要的。教师可以选取一些地道的英语原声材料让学生模仿，通过对不同的语气、语调、句型的模仿练习来提高口语能力。利用课堂时间让学生听录音模拟听说，并要求学生课后多找些英语范文进行创造性的模拟。范文提供给学生所要学习的标准英语，以范文的基本结构为基础，鼓励他们对范文的内容稍加修改，加入自己的观点。

（三）复述

复述是口语训练中较为常见，也是比较简单的形式。复述可以用不同的人称、时态、语态来表达所学的内容。在课文讲授之后，教师可以按照故事情节提供要害词，或以时间顺序、类别等为线索画成表格，或把文章的主要内容以问题的形式出示，引导学生复述。这种复述的方法不同于背诵原文的枯燥乏味，而是变消极的死记硬背为积极的思维训练。这样，学生在复述时就不会感到吃力，既可以掌握课文中的句型和语法，又可以锻炼对所学知识的运用能力和语言的交流表达能力。

（四）讨论

通过组织多种形式的课堂或课外的讨论活动，适时地引导学生对各种题材进行会话，既增强了学生的学习兴趣，逐步提高了学生对语言的驾驭能力，又活跃了他们的思维，扩大了知识面。目前，我国大多数学生需要口语输出时，讲的多是零星片语，形不成有序的逻辑主体。其主要原因是缺乏联想与想象这方面的训练，不知道应该从多角度、多层面进行剖析，所以教师在教学过程中应通过循序渐进的形式，积极引导他们对每一个会话题材进行横向和纵向的分析。

（五）正确对待口语训练中的错误

学生在口语训练中出现这样或那样的错误是正常现象，教师要宽容，学生出错不要紧，关键是如何对待这些错误，什么错误应该纠正、什么时候纠正，这些都需要教师掌握好尺度。英语的口语过程是个交际的过程，教师的目的是鼓励学生开口，如果纠错，会对交际造成很大影响，或者干扰了交际的全局性。这里纠正的是错误语句，而并非单个词语或词组的使用不当，因为这些局部的错误在第二语言习得的过程中，随着学生自身语言能力的不断提高会逐步消失。教师在纠正学生错误时还应把握时间，在学生表达个人见解的过程中不宜打断。如果停下来纠错，势必会打断学生的思路，破坏其思维的连续性，导致交际失败，增加学生的心理负担。教师的反馈应多从积极、鼓励的层面上进行，从而激发学生口语学习的兴趣，这样英语口语教学质量将会有质的飞跃。

第五节　高校英语翻译教学

一、翻译概述

翻译是把一种语言文字所表达的意义用另一种语言文字表达出来，是将一种相对陌生的表达方式转换成相对熟悉的表达方式的过程。其中，“翻”是指对交谈的语言转换，“译”是指对单向陈述的语言转换。“翻”是指对交谈中的两种语言进行即时的、一句对一句的转换，即先把一句甲语转换为一句乙语，然后再把一句乙语转换为一句甲语。这是一种轮流的、交替的语言或信息转换。“译”是指单向陈述，即说者只说不问，听者只听不答，中间为双语人士，只为说者作语言转换。具体说来，就是“换易言语使相解也”。但是，如何用另一种语言文字把一种语言文字所表达的意义表达出来？“换易言语”之后是否能“相解”？“相解”的程度如何？这些问题归结起来无疑就是翻译的标准是什么？翻译的方法应如何？

二、翻译的原则和方法

（一）翻译的原则

美国语言学家、翻译理论家奈达提出，具体翻译过程应该遵循四个原则。①

1. 上下文一致优先于词语一致

单词的含义涉及不同的“语义域”而不是“语义点”。一个词通常有多层意义，在不同的语言中，相应的语义域不完全相同，因此要在译语中选用正确的词语来译原文，主要考虑上下文的一致，而不应拘泥于词语上的一致，即不应总是要求译文和原文字字对等。

2. 动态即功能对等优先于形式对应

奈达从读者的角度研究翻译，因此注重译文是否能为读者所理解，衡量的标准不在于译文中所用的词语能否被理解、句子是否合乎语法规范，而在于整个译文使读者产生什么样的反应。所谓“动态对等”，是指译文读者对译文的反应大致等同于原文读者对原文的反应。当然，这种反应只可能是基本一致的，而不求完全一致，因为译语和源语的文化和历史背景之间存在很大的差别。

3. 语言的口头形式优先于书面形式

语言的书面形式和口头形式并不完全一致，有的语言以书面形式呈现比较优美，但流于口头时可能难于理解。因此，译者要注意以下问题：一是尽量不使用含义模糊或容易引起误解的翻译；二是尽量不使用容易引起误解的发音和语序；三是尽量不使用粗俗的词语；四是尽量避免译文超载，力求简洁明了。

4. 读者的需要优先于传统的语言形式

照顾主流读者群，使用现代大众语言。

① 武宏．关联理论视角下的大学英语翻译教学研究 [D]. 西安：西安工程大学，2016.

（二）翻译的方法

1. 直译和意译

谈到翻译方法，人们自然会想到直译和意译。无论中外，两千多年来的翻译史就是一部直译和意译此起彼伏、交相辉映的历史。人们对直译与意译的定义和二者的界限一直都存在着不同的理解。朱光潜认为直译近似于“逐字翻译”。茅盾认为，直译并非“字对字”，而是“不要歪曲了原作的面目，要能表达原作的精神”。有学者提倡直译，而反对硬译。例如“to shed crocodile tears”，直译可以译为“流鳄鱼眼泪”，意译可以译为“假慈悲”。

2. 归化和异化

纵观中外翻译史，归化和异化早有人以不同的名目涉及，翻译这种语言活动和文化、社会等林林总总的外部因素有着千丝万缕的联系。从历史的角度看，归化和异化可以视为直译和意译的概念延伸，但又并不等同于直译和意译。直译和意译所关注的核心问题是如何在语言层面处理形式和意义，而归化和异化则突破了语言因素的局限，将视野扩展到文化和美学等领域。美国著名翻译理论学家韦努蒂认为，归化法是“把原作者带入译入语文化”，而异化法则是“接受英语文本的语言及文化差异，把读者带入外国情景”。归化翻译要求译者向目标语的读者靠拢，译者必须像本国作者那样说话，要想原作者和读者直接对话，译作必须变成地道的本国语言。归化翻译有助于读者更好地理解译文，增强译文的可读性和欣赏性。异化在翻译上就是迁就外来文化的语言特点，吸纳英语表达方式，要求译者向作者靠拢，采取与作者所使用的源语表达方式相应的方式来传达原文的内容。使用异化策略的目的在于考虑民族文化的差异性，保存和反映异域民族特征和语言风格特色，为译文读者保留异国情调。例如“to kill two birds with one stone”，“一石二鸟”是异化译法，“一箭双雕”和“一举两得”则是归化译法。

3. 作者中心译法和读者中心译法

德国语文学家和哲学家施莱尔马赫认为，理解原作的语言精神和独特的思想方式绝非易事。由于语言受到原作者的教育、知识、想象力等限制，译者要充分表达原文的思想神韵更是难上加难。一个译者的任务主要是缩短原文作者和译文读者的距离。因此，施莱尔马赫指出，要帮助译作的读者在不脱离本族语的情况下正确而完全地看懂原作，可以采取两种途径：一种是译者可以“不打扰原作者而将读者移近作者”，另一种是“尽量不打扰读者而将作者移近读者”。第一种是以作者为中心的译法，译者通常弥补读者对原文认识的不足，把自己出于对原作者的认识而取得的意念和印象传达给读者，将读者移近译者的视点，从而使读者根据译者提供的语言形式，尽自己最大的努力去理解原作的真正含义。第二种做法是以读者为中心的方法，译者假设原作者可以用其谙熟的译语来流畅地表达自己的思想，翻译的目的是使外国作家像本国作者那样写作和交流。

三、高校英语翻译教学面临的主要问题

（一）高校英语教材和测试的局限性

目前很多高校使用的英语教材都没有翻译的基础理论，也没有常用的翻译方法和翻译技巧，就算很多教材课后有几个翻译句子，但那也是为了巩固或强调课文中的单词、短语、语法、句型等知识，并不是为了训练翻译能力，所以，这样的翻译不是真正意义上的翻译，只能算是单词、短语、语法、句型的综合练习题而已。目前很多教师和学生都是以四、六级为学习目标，单纯地为了考试而学习，也导致很多高分学生并没有实际的语言应用能力。

（二）翻译的理论知识传授得不够

理论是实践的指导者，翻译需要良好的翻译理论作为基础保障，也只有具备较深的翻译理论基础，翻译才可能会有声有色。但是学校却忽略了对学生传授翻译的理论知识，进而导致教师很少给学生讲授翻译理论和翻译技巧，只是教学生“直译法”，所以就算学生拥有很大的词汇量和大量的语法知识，翻译出来的结果也是非常生硬，没有情感的。

目前，很多人都把英语翻译作为一种社会现象，认为翻译是一种跨文化的活动，也是一种国际之间的交际手段，这拓宽了翻译的边界，无形中增加了翻译的对象。有学者指出，翻译理论与实践的脱节是当前翻译存在的严重问题，而一些正在求知的高校学生甚至把翻译理论和实践混为一谈，不能分清两者之间的关系，或是不能找到翻译理论和实践的切合点，所以面对翻译，他们也手足无措。

（三）不注重英汉的语序差别和表达习惯

中西的语言文化有着很大的差别，在表达方式上也有着很大的不同，由于学生长年累月地受到中文表达习惯的影响，以致他们在语言表达中习惯性地套用中

文格式，导致翻译别扭或者是不符合逻辑。比如让学生翻译“河的两岸都长满了灌木丛”，有的学生就“对号入座”地翻译为“Both of the rivers banks grow fully bush.”我们仔细分析一下这个翻译后的句子，“Both of ”是介词短语，“the rivers banks”。则是整个句子的主语，“grow”是谓语，后面的“fully bush”是宾语，初看似乎主谓宾都齐全，可是我们看一下，主语和谓语是否能够构成主谓关系：“the rivers banks”是河岸，是没有生命的东西，而“grow”是有生命的物体才能做出的动作，很明显不符合逻辑关系，所以这个翻译是错误的，正确的应该译为“Both banks of the river were covered by bushes.”。

四、高校英语翻译教学的目标

作为英语教学的一部分，英语翻译教学旨在传授基本翻译知识及常用技巧，通过反复实践培养学生的翻译技能。以翻译知识为先导、英汉语言对比为基础、翻译技巧为主干，通过讲解、范文赏析、译文对比、练习和讲评等方式为学生打开思路，提高其双语转换能力，使学生掌握大纲规定的、必要的翻译知识与技能。与此同时，高校也对学生的翻译表达能力作出了具体要求。

一般要求：能借助词典对题材熟悉的文章进行英汉互译，英汉译速为每小时约 300 个英语单词，汉英译速为每小时约 250 个汉字。译文基本准确，无重大的理解和语言表达错误。

较高要求：能摘译所学专业的英语文献资料，能借助词典翻译英语国家大众性报刊上题材熟悉的文章，英汉译速为每小时约 350 个英语单词，汉英译速为每小时约 300 个汉字。译文通顺达意，理解和语言表达错误较少。能使用适当的翻译技巧。

更高要求：能借助词典翻译所学专业的文献资料和英语国家报刊上有一定难度的文章，能翻译介绍中国国情或文化的文章。英汉译速为每小时约 400 个英语单词，汉英译速为每小时约 350 个汉字。译文内容准确，基本无错译、漏译，文字通顺达意，语言表达错误较少。

五、高校英语翻译教学模式

翻译教学过程中，可以采用多种教学模式，包括基于语料库的教学模式、人本主义翻译教学模式、过程式翻译教学模式等。

（一）基于语料库的翻译教学模式

语料库中存放的是在语言的实际使用中真实出现过的语言材料，语料库是以电子计算机为载体承载语言知识的基础资源，真实语料需要经过加工（分析和处理）才能成为有用的资源。语料库是语料库语言学研究的基础资源，也是经验主义语言研究方法的主要资源。语料库也可应用于词典编纂、语言教学、传统语言研究、自然语言处理中基于统计或实例的研究等方面。

语料库有多种类型，确定类型的主要依据是它的研究目的和用途，这一点往往能够体现在语料采集的原则和方式上。有人曾经把语料库分成四种类型：①异质的——没有特定的语料收集原则，广泛收集并原样存储各种语料；②同质的——只收集同一类内容的语料；③系统的——根据预先确定的原则和比例收集语料，使语料具有平衡性和系统性，能够代表某一范围内的语言事实；④专用的——只收集用于某一特定用途的语料。除此之外，按照语料的语种，语料库也可以分成单语的、双语的和多语的。按照语料的采集单位，语料库又可以分为语篇的、语句的、短语的。双语和多语语料库按照语料的组织形式，还可以分为平行（对齐）语料库和比较语料库，前者的语料构成译文关系，多用于机器翻译、双语词典编撰等应用领域，后者将表述同样内容的不同语言文本收集到一起，多用于语言对比研究。

适用于翻译研究的语料库可以分为平行语料库、对应语料库等。平行库与对应库主要用于翻译与语言对比研究。这两种语料库有其自身的特点，使用目的也不相同。平行库可用于探索“同一内容是如何用两种语言表达的”。但如果对比研究中只用平行库，结果就不可靠，因为译文不可避免地带有原文的烙印，即“翻译腔”。而对应库由于其子库抽取的是不同语言的母语文本，就避免了翻译腔。然而，正因为如此，对应库也就不具备平行库在翻译研究方面的优势。再者，对于开发机器翻译（MT）及机助翻译（CAT）之类的应用软件来说，对应库也不如平行库那么有用。然而，对应库是语言对比研究的重要资源，而且和平行库一起使用时同样有助于翻译研究。但要注意的是，如果一个对应库中代表不同语种的子库的抽样框有较大出入，那么该语料库对语言对比研究的价值就会大打折扣。

基于语料库的翻译研究大致可分为理论性和实践性研究。就翻译理论而言，语料库主要通过探讨某种意思如何从一种语言转换成另一种语言，通过比较译文和对应母语中的语言特征及其出现频率来研究翻译过程。就翻译实践而言，语料库为培训译员提供了工作平台，同时也为开发机器翻译及机助翻译之类的应用软件奠定了基础。

平行库为研究某种意思如何从一种语言转换成另一种语言提供了宝贵的资源。例如，Xiao & McEnery 使用了一个英译汉的平行语料库（约 26 万个词）研究了英语中的时体意义是如何在汉语中表达的。研究表明，虽然英语和汉语都有进行体，但进行体在这两种语言中的用法范围并不一致。尽管进行体在英语中最典型的用法也是表示某情状正在进行，如“John is singing.”，但它还有其他一些特殊用法并不与进行体的定义相称，如表示暂时的习惯或反复性情状，如“I’ m taking dancing lessons this winter.”；表示预期发生的将来事件，如“We’ re visiting Aunt Rosetomorrow.”；以及用于增强感情色彩的习惯用法，如“I’ m continually forgetting people’ s names.”。而在汉语中，进行体标记“在”只表示动态情状正在进行。因此，在英语原文中使用进行体的情状在汉语译文中只有 58% 带进行体标记“在”或持续体标记“着”（显性或隐性标记）。

Laviosa 通过比较母语作者写的英语记叙文和英译的记叙文，发现译文在词汇使用方面有四大特征：实义词与功能词之比较低，高频词与低频词之比较高，最常用词重复率较高，最常用词变化较少。其他研究也表明，除了用词以外，译文的特征是名词化、简单化、明确化（即更加连贯）和净化（即消除字里行间的意思）。

上述研究表明，翻译腔在译文中在所难免。原文对译文的影响之大足以把译文看作有别于目标语母语的“第三代码”。因而，使用单向翻译的平行库进行语言对比研究并不可靠，而改用双向翻译的平行库则可使该问题大大改善，因为双向翻译能使翻译腔在某种程度上得到中和。从这个角度来看，双向平行库为翻译研究和语言对比研究架设了桥梁。

就翻译实践而言，一般认为语料库可用来提高语言及文化意识，它们为译员和翻译专业的学生提供了一个工作平台和参考工具，即使是单语种语料库也很有用。与单语种语料库相比，对应库对翻译研究的价值更大，对应的专门语料库对特定专业领域的翻译特别有用，因为翻译此类本文时，译者对这类语言通常就像对英语一样生疏。研究表明，把英语翻译成母语时，参照对应库核对有关翻译问题能够帮助译者提高表达能力，而且译文中的错误也会减少。把母语译成英语时，对语料库工具的需要就会成倍增加，而且语料库的用途也远远不止是核对母语中的理解难点。

基于语料库的翻译研究已经取得了显著的研究成果，这种方法具有明显的优势：它使翻译研究从最初小规模的、人工的，并且局限于个别文本类型的研究变成了大规模的、系统的、可以比较的和目标明确的研究；更重要的是，它把零星的、缺乏说服力的研究变成了能够解释趋势与例外的连贯而丰富的研究。然而，用语料库进行翻译研究也存在一定的局限性。因此，我们在注重语料库数据分析的同时，要结合文本所处的语境等其他因素，对语料库中的用法模式进行功能比较和描述，从而更好地发挥语料库在翻译研究中的优势。

（二）人本主义翻译教学模式

人本主义教学模式是基于罗杰斯系统的人本主义学习理论提出的，主要包括以下内容：第一，学习对学生来说应该是一件令自己身心愉悦的事情，应该享受的是从学习中所获得的满足感而不是学习所带来的功利性；第二，教师不应该只是知识传播者，更应该加强对学生的人文关怀，从而调动他们的学习积极性并及时关注学生在学习中出现的心态变化和情感波动；第三，教师在课堂中的角色是辅助者、支持者而不是绝对的权威。

在人本主义教学模式下，教师的角色和参与度发生了变化，在教学过程中教师不应该再是课堂的操控者而应该积极融入学生，成为教学的引路人。学生应该成为课堂真正的主体，去追寻知识的本质，探究信息的真相。学生是学习的主体，教学应当以最大可能服务于学生的学习。翻译课程应该是建立在学生实际能力之上，结合学生兴趣特点并具有鲜明时代特色，并为最终打好语言基础、提高学生翻译能力与综合素质服务的课程。人本主义翻译教学模式的实际运用主要体现在以下方面。

1. 教师的支架作用

在翻译教学过程中，教师应该起到课堂教学的架构作用，即在教师的引导下，学生进行自主学习。要让学生充分意识到他们才是学习过程的主宰者，并充分享受学习带来的愉快。实际操作如下。

第一，在翻译教学内容的使用上要与时俱进，有针对性地选取那些符合学生兴趣和实际翻译能力的内容。虽然教材的选取和教学内容的选择充分依赖于授课教师的主观思维，但是在人本主义教育思想的引导下，教师在收集、编写和设计相关翻译材料的过程中要充分考虑学生的意愿，选择那些能促使学生认知潜力发挥的内容。就学生翻译能力培养的角度而言，学生在日常生活中接触最多的就是应用类型的翻译文本，例如法律翻译、科技翻译、商务翻译，等等。而目前使用的大部分教材，都是以文学类型的文本为主，其他类型的不多见。那么教师在课堂讲解中就要通过多种方式来丰富课本的素材，尽量拓展学生的知识面，选择那些和学生需求息息相关的文本材料，让学生对它们有认同感、有响应度。当然，教师在这方面要起到严格的把关作用，因为学生们更乐于选择那些娱乐性强、认知度高的材料，而这些材料往往更偏重于非正式文体，用词简单、结构单一，不能很好地达到翻译学习的目的。教师切记不可放任自流，要事先有设想，一切以学生翻译能力的提高为根本目的。

第二，在教学方法的使用上要多元化。传统的翻译教学观，就是教师拿着参考译文在课堂上对学生译文的纠错训练，其本质就是语言训练，然而翻译能力的训练不应该只着眼于语言层面，更重要的是要让学生有合理的翻译思维、架构正确的翻译模式。对翻译这门实践性极强的课程来说，仅靠教师的口传身教是远远不够的，还应该借用现代化的教学手段来提高教学效率和教学质量。其中，基于语料库的翻译研究是不错的选择。我国翻译理论家廖七一认为："语料库不仅拓展了翻译研究的思路，同时也为翻译研究提供了更加客观、科学的研究方法，能更加有效地揭示语言的结构、语法、词汇的特征，分析译者语言习惯、语言的行业偏好、连贯形式、主位-述位结构，客观地阐释社会、文化和观念对翻译文本的影响。此外，翻译英语语料库能快捷、可靠地发现和分析一定历史文化中的翻译规范，分析性别差异等对翻译策略和手法的制约，同时还有助于探索翻译的普遍规律。"由此可见，这种借助于计算机的翻译研究模式，打破了以传统的纯粹技巧训练的方式来探索翻译的本质。要想真正提高翻译能力，唯有真正实现教学的自主性和开放性，使教学形式更加多元化，才能提高学生学习的主观能动性。

2. 教师的评价模式

在教学活动中，教师和学生之间应该有积极互动、有全方位的情感交流和沟通。学生不仅仅是一个信息的接受者，而且是和教师享有同等话语权的课堂主体。教师在课堂上不应该只是正确与否的评判者，还应该是积极学习心态的创建者。

第一，课堂教学中多给予肯定性评价语。在传统翻译教学模式中，教师的话语就是绝对权威，教师所提供的译文就是最完美的答案。学生基本丧失自主能动性，完全依赖于教师的讲解。事实上，翻译没有绝对的正确答案，译本会随着时代的变迁，在不同的译者那里得出不一样的解释。翻译课堂教学也是如此，教师不应该只关注所谓的翻译答案，而应注重在自己的引导下，学生如何找出翻译文本的难点和重点以及主要解决的问题，从而促进学生思维能动性的发展。那么，教师应在课堂上营造自由讨论的氛围，鼓励学生在课堂上以小组为单位，各抒己见，并派代表作最后的陈述发言，在不同小组陈述完毕后，教师带领大家对不同阐释作总结说明，指出大家分析问题的思路的合理性，并最终由大家作出最佳的选择。在把学生的思维模式放进教学评价后，大家就会通过反思来对课堂上学到的知识进行自我评价，找出语言现象之外的更深层次的东西，从而更好地指导自己的翻译实践。

第二，课后练习鼓励学生积极进行相互评价。翻译课程的本质就是翻译能力的培养，而翻译能力的培养依赖于翻译实践。由于各方面条件的限制，在课堂上进行的翻译训练是远远不够的，教师要采取多种形式加大课后练习的数量，提高课后练习的质量，并借助多媒体手段对学生的译本实行多重评价，把其他同学的评价也作为最终分数的重要参考标准。无形中，这些充当评价者的学生就对译本和译文有了更深刻的自主思考，从而提升了他们对翻译学习的兴趣，引导了他们的学习方向。

（三）过程式翻译教学模式

过程式翻译教学最早出现于20世纪80年代初，最初运用于法国巴黎国立东方文化语言学院日本与朝鲜研究系日法翻译课程，后来逐渐被系统化。这种依据建构主义理论建立的过程翻译教学，强调翻译过程中学生要在教师的帮助和指引下，自己发现和掌握需要的知识和技能，同时，特别强调合作学习的重要性。

布置翻译练习时，指导学生作好译前准备。教师预设翻译情景，这些情景涉及的主要因素有：翻译的要求者对翻译该篇章的具体要求、作者的意图、翻译的目的、译文的读者或使用者、该篇章的文体特点和写作背景、交稿的时间要求等。指导学生自己查找百科全书、词典或网络信息，了解该篇章涉及的陌生的术语、论题、题材、主题材料等。也就是说，教师至少应预设 who wants to send，what to whom，for what purpose，through which media and at what time and place。

布置翻译练习时，作必要的译前启发和引导。引导学生注意翻译过程中可能遇到的问题，包括翻译的原则、策略、方法、技巧、步骤（包括理解、表达、修改）等。

学生可以以翻译作坊的形式共同讨论翻译任务，一同经历翻译过程。交译文时，应注明他们在翻译过程中遇到的各种问题和尚未解决的问题。

在翻译教学中，翻译作坊可以理解为学生组成小组，就某项翻译任务如何翻译进行讨论并分担工作，通过不断协商最终确定大家认可的译文的一种活动。这种教学模式的特点在于：①强调小组成员间及学生与教师间相互交流翻译心得、合作完成翻译任务；②通过大量实践训练，帮助学生对翻译过程中涉及的语言和非语言的各个步骤进行反思；③以培养学生分析解决问题的能力为最终目的；④将学生置于教学的中心位置，教师扮演调解者、组织者、创造者、促进者、监管者、引导者、指挥、教练等角色；⑤对学生的评价更多侧重于学生在翻译过程中作出的努力。

在课堂上，作坊式教学可以分为译前、译中、译后三个阶段。

译前阶段：教师依据学生能力特点和心理特点，将学生分成 4 ~ 5 人一组。教师依据学生的语言能力水平、词汇知识水平和文化能力选择适当文本；在课堂上将文本下发给各小组成员；学生阅读文本，弄清文本类型、风格、读者对象及文本大意，并在不熟悉的术语或不理解的内容部分画线；小组成员间可分享各自对文本的理解，从而获得对文本的一致认可的理解。

译中阶段：在完成对原文的理解后，各成员借助词典、百科全书、网络等资料进行初步翻译。在这个过程中，教师变成监控者，监督和组织学生的翻译活动。译前和译中这两个阶段，依据所给材料的长短，时间可为 20 ~ 30 分钟。

译后阶段：主要体现为对译稿的修改和润色。各小组成员向其他组员高声朗读自己的译文，小组成员比较译文，讨论译文不一致的地方及翻译过程中遇到的问题，从而讨论出大家一致认可的译文。之后，将各小组最终拟定的译文发给不同的小组成员，进行组间修改。各小组将所修改的译文退回原小组，原小组根据修改意见再行修改，并将最终的译文上交给教师。教师从各个小组中挑选出三四篇最佳译文，当众宣读，让其他同学指出译文的优劣，并提出修改建议。在这个阶段，教师要给予适当的指导和评判，并总结翻译经验和翻译原则，以便在及时反馈学生信息的同时，掌控学生的翻译活动，使全班学生既能意识到自己的问题，又能看到别人的问题。

讲评翻译作业时，方式可以多种多样，包括教师讲评和学生互相评议。教师讲评时注重分析、启发和指导翻译的过程、步骤、方法、技巧与学生所提交的问题，可以采用交互式、互动式提问和讨论，最大限度地让学生参与讲评的全过程。教师应提倡学生在课下互相观摩学习，在讲评翻译作业时，教师既要指出存在的问题和错误，也要肯定翻译佳作，鼓励学生独立思考、敢于创新。允许学生做出不同译文，不强求千篇一律或与参考译文一致，同时对不同译文进行评估。

在整个翻译过程中，学生成为主动者，能够分析各种因素，掌握相关的依据，突出翻译中的重点，翻译出好的译文。实践证明，过程式教学法能使学生学会发挥主体作用，积极翻译译文，为自身翻译能力的发展提供良好的基础。

第四章　多元文化思维下的高校英语教学路径研究

第一节　多元文化与高校英语教学

一、多元文化的产生与发展

（一）多元文化的提出

多元文化概念本身是针对传统的单一文化概念而言的。以往的文化发展定式是在一定的区域、地域、社会、群体和阶层中存在的某一种单一文化。而多元文化则是指在一个区域、地域、社会、群体和阶层等特定的系统中，同时存在的、相互联系且各自具有独立文化特征的多种文化。它不同于以往的文化存在方式，在空间上具有多样性，在时间上具有共时性。在这个概念的提出过程中，蕴含着对文化的几个基本假设。①

1. 文化的平等性

多元文化观点认为，社会是由不同民族、不同群体组成的，社会成分的多元化决定了文化的多元化，各种文化都有其独特的价值，并无优劣贵贱之分，因而各种文化都有平等的生存权和发展权。

2. 文化的交往性

多元文化必须是指在一个区域联合体、社会共同体和集体群体等系统内共存的，并在系统结构中存在着一定的相互联系的文化。文化间的交流和交往是多元文化形成的必要条件，也是它存在的基础。

---

① 耿晓娜．多元文化背景下高校英语教学改革研究 [J]. 江西电力职业技术学院学报，2021，34（12）：80–81.

3. 文化的差异性

各民族或集团在长期的历史发展中，通过其独特的生产和生活过程而逐渐确立起自己的文化，不同民族或集团的文化各具特色，表现出多元发展的特性。即使是在同一性质的群体、集团的社会内，由于区域发展的差异性、社会各阶层在社会中的地位和作用的不同，以及文化的自我更新、创造、变革的内在机制不同，也会使同一性质的文化在同一社会的不同区域、不同社会阶层、不同历史时期，表现出一定的差异性，从而形成文化的多样性发展。

4. 文化的内聚性

不同的文化之所以能共存于一个共同体内，其重要原因就在于各种文化不仅承认了彼此的差异性，更重要的是它们也发现了彼此间的共性，即各种文化间存在相互借鉴的可能。从这个意义上说，多元文化的实质目的不是要突出某一种文化，而是提供处理两种以上文化间相互关系的态度和方法。

（二）多元文化的发展

进入 21 世纪，随着经济全球化进程的加快，世界各国经济联系加强，特别是资本、贸易、金融、投资等方面的相互联系和相互依赖程度达到前所未有的水平。经济领域的联系扩大到了社会生活的各个领域，各国之间相互依存，从而打破了国家与地域之间的界限，打破了人们观念、文化上的界限。全球化的进程打破了民族的藩篱，把各民族的文化都卷进了大交流、大融合的浪潮，使人类文化发展的大趋势沿着相互补充、相互接近和相互吸取的轨迹前进，从而使各种文化在交流的规模和深度上都远远超过以往任何一个历史时代。现代科学技术的迅速发展，以电脑、电视和卫星为主体的现代化信息网络，已把世界联结为一个整体，形成了全球性的信息一体化趋势，引发了全球性的信息同步。信息成为主导社会发展的力量，人类社会进入信息社会。信息技术的极大发展为各国之间的信息交流提供了条件，也为教育的国际交流带来了广阔的发展前景。一方面，世界一体化进程日益加快，国际合作更为密切，国际竞争更加激烈，任何国家都无法游离于世界独自进行经济、文化改革；另一方面，知识的价值和重要性日增，高素质的人才成为提升国家综合竞争力的核心因素。

信息社会的到来使得每个国家、社会集团和个人都越来越处于一种开放的状态之下，各种文化不断渗透与融合。在这种竞争与比较的格局中，每个社会与个人都在寻求新的突破，于是各民族纷纷走出自己的模式，开始接触其他民族的文化模式，各种文化相互渗透。一方面，任何一种文化都不可避免地影响着其他文化；另一方面，任何一种文化也都不同程度地吸收着其他文化从而求得自身更完善的发展。当前，世界已经成为一个巨大的信息网络，身处这个网络中的人与人、地区与地区、国家与国家、文化与文化之间的关系呈现出鲜明的全球化的特点。

二、多元文化对英语教学的影响

文化与语言之间有着密切的联系，学生在进行英语学习时，必要的文化背景知识的学习，是提高其英语能力的重要方面。但传统的英语教学中，老师只注重对学生语法知识、单词量积累等理论知识的学习，对于英语文化风俗的学习却不太重视，从而使学生的英语学习在文化层面上存在障碍，导致“中国式英语”的存在。

（一）语音差异使得学生的英语学习存在着障碍

我国的母语是汉语，是一个字一个音节，但是在英语中却不是这样。英语中一个词有可能是一个音节，也可能是两三个，甚至是多音节词，中西语言在音节方面的差异，使得中国学生在学习英语时能否正确发音成了问题。此外，在发音问题上，还有一个很重要的因素是值得注意的，那就是语调。我国的汉语发音有四个语调，但是英语的发音规则里却没有语调的区分，从而使得学生正确的发音与交流存在很大的困难，学生不能用中国式的音调来正确地表达自己的意思。英语单词中虽然没有音调的划分，但却有重音，而汉语词语中却没有，这也是重要的区别之一。因此，在我国的具体英语教学实践中，老师应注意对每个学生音节、重音等方面的培养与训练，注意学生的重音、句子结构等，让学生发出正确的发音。当然，教师还可以开展一些英语活动，让学生进行口语的练习，如学唱英文歌曲、朗诵诗歌等形式，都是很不错的练习方法。

（二）词汇差别使得理解发生分歧

中国与西方国家之间的差异有很多，比如说话方式、问候方式、风土人情等方面都有明显的差别。比如在语言词汇的学习中，有一些词就表现很明显，如“freeze”这个词的基本含义是“冰冻”“结冰”，在一些英语教材中也只介绍这个含义，但是在美国，“freeze”却是人人皆知的日常用语，是“站住”“不许动”的意思。又如“狗”这个词，在中国它是忠实的象征，但在具体的语言应用中，如果一位中国人说“你是个像狗一样活着的人”，那么这个词在这里对于对方来说就是一种贬义，是对其人格的侮辱。又如“狼心狗肺”“狗咬吕洞宾，不识好人心”中的“狗”，它们大多为贬义。但是在西方国家，人们却对狗十分尊敬，如果有人说“You dog.”，那么其意思是说“你很可爱”，并没有在骂人，而日常生活中人们也经常将那些幸运之人称为“lucky dog”。对于这些词汇上的用法，教师应对学生进行必要的训练与扩充，使得学生在具体的英语对话中，能够充分了解其语意，从而更好地沟通。

（三）语法结构与句子构成导致出现“中国式英语”

如果学生不能充分理解英语句子的构成，那么英语写作与阅读能力的提高将会非常困难。在日常的英语学习中，很多学生由于不能掌握英语语法与句式，因而造出了很多“中国式英语”的句子，如“Hours read English everyday. My English level high.”。这样的句子是用汉语的思维写下来的，它完全不符合英语的表达要求。虽然这只是英语语法表达方面的错误，但究其根源，这是中西方不同文化特点所导致的。中国学生在中国式思维下，对英语句子进行组合与书写，使得“中国式英语”现象一直大量存在。因此，在具体的英语教学中，老师应对学生进行西方思维习惯的培养，使学生在语法结构与构成方面能对英语有更好的认识，从而保证英语能力的提高。

三、多元文化对英语教学的启示

（一）多元文化教育

1. 多元文化教育的内涵

多元文化教育确切的含义应如何阐述，至今学术界仍争论不休。

美国教育人类学家葛阮德对多元文化教育的概念作了大致的定义：多元文化教育是基于针对所有人的多样性力量、社会公正以及不同生活选择基础上的人性概念。并认为，多元文化教育不仅仅是对不同文化的一种理解，它认识到不同文化作为彼此区别的实体而存在的权利，并了解到它们对社会的贡献。他还指出，多元文化教育强调发展能够加强跨文化分析以及应用技巧，同时也强调优先发展作为可靠性决策等的能力以及获取和实现权利的能力。

多元文化教育哲学认为民族多样性和文化多元主义应该是教育的一个重要组成部分和不间断的特征。学校应该教学生真正地将文化和民族多样性作为社会标准和有价值的东西而加以接受。应该接受不同民族群体存在的权利，理解民族群体的生产类型的有效性和可变性，扩大个人在自己社区和其他社区中有效运作的能力。将保存民族和文化多样性作为一种保持社会丰富性和伟大性的方法而加以促进。

班克斯教授对多元文化教育概念的阐述获得了许多学者的认可。他认为：“多元文化教育是一场精心设计的社会变革运动，其目的是改变教育的环境，以便让那些来自不同的种族、民族、性别与阶层的学生在学校获得平等受教育的权利。多元文化教育理论假设，与其让那些来自不同种族、民族、性别与阶层群体的学生仅属于和保持本群体的文化和性别特征，莫不如让他们在教育领域获得更多的选择权，从而在社会化过程中获得成功。”

2. 多元文化教育的发展

多元文化在世界范围内的不断发展对教育研究也产生了重要的影响。多元文化教育的发展走向如下。

（1）促进教育从一元走向多元

纵观人类文化发展历程，经过了一个由文化一元隔阂到文化多元并存再到文化多元互动的过程。教育因与经济、文化的密切关系，面临着新的国际境遇带来的挑战。教育应当成为和平以及国际理解的促进者；教育应当承担起培养年轻一代具有宽容、鉴赏、公平、尊重以及思考自由的品质的责任；教育不仅要宣传文化历史与传统对当代社会多种文化的重要意义，更要致力于对文化的过程性、连贯性和变化性的理解与把握，促进文化认同。教育应当成为引导学生尊重与理解其他文化、促进人类文化平等与和谐、推动世界稳定与发展的重要手段。多元文化教育包括为全体学习者设计的计划、课程或活动，而这些计划、课程或活动，在教育环境中能促进尊重文化的多样性及增强对不同团体文化的理解。这种教育能够促进整合和学业成功，增进国际理解，其目的应是从理解自己人民的文化发展到鉴赏邻国人民的文化，并最终鉴赏世界性文化。

联合国教科文组织在其组织召开的一系列国际教育大会中均体现出对世界上多元文化的承认，对各个民族文化的尊重以及对民族传统文化的保护、传承与创新的重视，表现出国际社会与国际舆论对多元文化教育的关注及其所采取的教育措施的一致性与坚定性。世界各国、各民族自古以来的多元文化教育系统及其实践各具特点，为改进、提高、相互学习、借鉴提供了巨大的潜能和丰富的资源，成为教育改革、教育创新的巨大资源库。对这些资源的充分利用，不仅为教育提供了丰富的内容，同时也为教育成效的取得提供了丰厚的土壤。因此，当下的教育应当从多种文化中吸取养分，向学生展示世界不同文化间的异同，并为促进多种文化的生存与发展作出努力。

（2）促进教育从隔离走向理解

当今世界，人类活动范围逐渐扩大，人类社会由封闭、半封闭与隔阂的状态转变为半开放、开放与相互交往的状态，社会经济由地方性、自给自足向全球化转变。历史的进程要求过去的文化孤岛被文化多元替代，文化的排他性被文化的包容性替代。不同人类群体间的交流也越来越频繁、密切，文化间关系由相互疏远到相互接近，由相互孤立到相互依赖。这种世界文化格局及其带来的文化怀乡的愁绪以及对民族文化的追思，引导人们从一个更新、更高、更远的视角去思考教育培养的人的品格，去重新审视人类的文化与各民族文化，去建构新的世界文化图景。与此同时，文化人类学的研究成果揭示了文化差异背后人类的相似性与相通性，为各不同文化民族的相互尊重、相互沟通提供了人类学启示。

（3）促进教育从封闭走向开放

就全球范围而言，为冲破文化边界的藩篱，解决文化间的冲突而实施的教育政策经历了三个发展阶段。第一阶段的主要特征为文化中心，试图融合全部现有文化，使之遵循一种文化普世原则；第二阶段的主要特征为文化多元，是一种在对各种文化认可基础上的文化多元视角的教育；第三阶段的主要特征为文化互动，是一种在对多元文化关系的洞察基础上的，符合文化发展规律的，各种文化相互接触、相互渗透、相互影响的教育。多元文化教育的发展历程实际上是社会文化发展的历史脉络以及当代社会的文化间的平等交流、多样化发展的关系的反映，是一个从地区性教育行动到全球性教育行动的演变过程，是一个从文化静态取向教育到文化动态取向教育的转变过程。因此，新的世界局势要求教育者重新审视主流文化教育的出发点与归宿，正视与改正教育中存在的局限性，满足多文化群体的文化需求，保证各种来自不同文化群体的学生能够学有所成。

（二）多元文化下英语教学的原则

1. 文化性原则

学生学习英语不仅仅是学习单词及其语法，同时也是在学习语言文化。语言既是文化的一部分，也是文化的重要载体，因此文化教学理应成为语言教学的重要组成部分。

加强文化知识的传授，鼓励学生积极参与实践，教师在强调学生基础知识积累的同时，应该贯穿英语交际能力的培养，注意英语文化知识的传授。例如，在课堂上讲授有关文化的知识，鼓励学生利用课堂、课外进行练习和巩固，积极举办英语“沙龙”活动或进行英语演讲比赛、话剧表演，开展英语讲座，听报告、听广播、看录像等，培养学生在实际中运用语言的能力和技巧，提高学生的听、说、读、写能力，增强学生的知识积累。

在教材的处理上，教师可以结合课本内容，不断拓展、引出相关的文化信息。词汇是语言中最活跃的成分，也是最大的文化载体之一。因此，在平时的教学中，教师应注意介绍英语词汇的文化意义。

在语法教学中，教师也可以结合多元文化进行讲授。教师可以通过适当的英汉语言对比，启发学生讨论，增强学生的学习兴趣，增加信息量，扩大知识面，帮助学生牢固地掌握英语语法，提高他们运用英语的能力。

2. 交际性原则

英语学习的最终目的是使用英语，英语教学的最终目的是培养学生对英语的综合运用能力。因此，在教学过程中，教师要始终遵循交际性原则，以培养学生的交际能力为最终目的。也就是说，要培养学生能够运用所学的语言知识在不同的场合、对不同的对象进行有效得体交际的能力。

（三）多元文化对英语教学的启示

1. 激发学生对文化差异的学习兴趣

无论学什么，学生只有在自己真正感兴趣的情况下，才会充分发挥自己的主观能动性。学习英语也是如此。因此，在传授跨文化知识时，培养学生对文化差异的学习兴趣是英语教学必须考虑的一个方面。教师只有不断地改进教学方法，增加新的教学内容，将趣味性贯穿于教学过程之中，才能调动学生的兴趣，激发学生学习的热情。

教师可以通过教学方法、教学内容的对比激发学生学习文化差异的兴趣。介绍文化背景，比较文化差异，最好的方法是透过语言看文化，通过所学的语言材料了解其中蕴含的民族文化语义。通过这种方法，教师可以把枯燥无味的词语解释、语法讲解等变得形象生动，使学生在活跃的气氛中不仅能学到英语语言知识，还能领略到英语民族文化，更重要的是引起学生对文化差异的学习兴趣。

教师是教学的主导者，而学生是教学的主体，在教学中处于中心地位，教师传授的知识最终要由学生加以理解、吸收，而学生跨文化交际的能力主要靠实践来培养。英语教师应根据教学内容和学生特点，在课堂上采用灵活多变的教学方法和教学手段进行教学，并帮助学生培养坚持不懈、持之以恒的英语学习态度。在培养学生学习兴趣的同时，教师还应当帮助他们养成良好的学习习惯，也就是教会学生学习的方法。如果学生整天只会抱着课本死记硬背，则很难掌握实际的英语交际能力。教师在教学中一定要结合具体教学对象的学习实际采取行之有效的教学方法。英语是一种工具，英语学习是一个漫长的过程，文化信息需要日积月累，并且只有通过持之以恒的学习和大量的实践训练才能做到活学活用，形成驾驭英语语言的跨文化交际能力。

英语教学要把讲解语言知识和介绍文化背景知识、比较中外文化差异有机地结合起来，充分发挥文化背景在教学中的积极作用，培养学生对文化差异的敏锐性。

2. 培养学生的跨文化意识

跨文化意识，是指学生对外国文化和中国文化异同的敏锐程度以及在语言交际过程中根据外国文化调整自己语言行为的自觉性。跨文化意识在现代的跨文化交流中有十分重要的作用，缺乏跨文化意识通常会造成跨文化交流的失败。值得注意的是，在跨文化交流中，语言上的错误通常容易被别人谅解，但是由文化差异引起的错误比语言性的错误更为严重，难以得到别人的谅解。传授文化知识的目的在于培养学生的跨文化意识，使学生能够自觉地按照英语的文化习惯使用英语进行交流。如果忽略或轻视了跨文化意识的培养，就会造成只教授语音、语法规则、词汇这些纯语言知识的局面，从而影响了学生的语用能力，使学生不能正确地运用英语进行交流，不符合英语社会的文化性常规。

教师在教学过程中必须重视对学生跨文化意识的培养。在英语教学中，教师要充分利用现代化的教学手段，介绍英语国家的文化背景，让学生最大限度地接触一些英美本土文化信息。

对跨文化的敏锐性主要来自两种途径：直接途径，也就是通过在外国文化中生活、体验的方式来获取文化信息，培养对异国文化的敏锐性。这对我国国内学生来说显然不可能。因此，教师可以采用第二种途径培养学生的跨文化意识，即间接途径。间接的方法有很多，包括课堂学习、课外阅读、收听英美广播、观看一些英文图像资料等。但是英语课堂教学毕竟具有一定的局限性，因此课外学习活动是培养学生的跨文化意识的有效途径，教师应该鼓励并指导学生开展形式多样的课外学习活动，特别是要借助先进的现代化教学手段，加强学生的语言听说训练，直接在英语学习中给学生导入一些英语文化背景知识。教师应该鼓励学生观看英文原版电影、录像。由英语国家本族人演绎的英文原版电影、录像都具有浓厚的英语文化气息，因此观看英文原版电影、录像是提高学生文化差异敏锐性的一个非常有效的手段。对缺少英语语言环境的英语学习者而言，最大的困难就是从课本里学来的英文知识通常与现实生活中的语用实际脱节，而观看英文录像不仅可以增加词汇量、增强听说能力，还能从中学到很多文化知识，动态的电影录像情景通常会让他们对外国文化更容易理解，产生更为深刻的印象。

3. 增强学生的跨文化感悟力

通过文化差异的比较，学生在头脑中形成一种潜在的反应能力，这种能力就是通过语言这一载体对英语所反映的文化内容的综合性的理解能力，也就是我们常说的文化感悟力。

在英语教学中，教师应注重对英语国家文化背景的介绍，使学生了解英美等国家的文化，通过比较英汉文化的差异，让学生了解不同的语言以及语言背后的不同文化，学会在适当的场合用适当的英语表达自己的思想，实现培养和提高学生运用英语在跨文化语境中正确交流的能力的目标。

增强学生的跨文化感悟力，需要教师引导学生接触理解文化差异。教师可以在课堂中教授文化知识。教材中有不少关于英语国家的生活方式、行为规范、价值观念、历史地理、文化艺术、风土人情、传统习俗等方面的对话和课文，教师应该让学生注意这些文化知识，增加学生对英语国家文化的感悟力。英语教师可以通过指导学生开展课外活动学习西方文化知识，如带领学生通过多读一些英语书籍、多听一些英语广播、多看一些原版影视资料来广泛接触和逐步丰富英语文化背景知识；还可以通过指导学生开展英语角、英语晚会、专题讲座以及课外实践活动，使学生在不断接触英语文化的过程中比较中英文化的差异，培养跨文化意识，增强跨文化感悟力。学生增强了跨文化感悟力，就容易理解交际中出现的文化差异，如一见到“black tea”，头脑中立刻明白这是中国人常喝的“红茶”。

总之，只有在教学中充分挖掘课程中的文化内涵，引导学生了解英语文化知识，才能使学生认识到中西文化的差异，认识到世界文化的多元化，增强跨文化感悟力，最终形成较强的跨文化交际能力。

第二节 基于多元文化思维的英语知识教学

一、多元文化下的英语语音教学

（一）英语语音教学的意义

语音、词汇和语法是语言学科的基本要素，而语音是三要素之首，更是学好语言的基础，对提高语言的整体水平起着关键性作用。

1. 帮助学生轻松地记忆单词

语音教学是英语教学的一个重要组成部分。既然有声语言是第一性的，那么，作为拼音文字的英语，其在很多方面，如某些语法现象、词汇、成语，都受到语音的影响或制约。以词汇来说，如果汉语里很多词汇可以“望文生义”，英语里就有不少词汇是可以“听音生义”的。在教学中，学生抱怨最多的问题就是记不住单词，他们并没有意识到，良好的发音是有效记忆单词的方法之一。英语的拼写和发音之间有一定的内在联系，是有规律可循的。如果我们掌握了这些读音规则，则既可以帮助我们正确地听与说，又可以帮助我们轻松地记忆单词。①

2. 能够提高学生的听说技能

如果学生能够掌握好语音，既能增强他们学习英语的信心，又能提高他们学习英语的积极性。发音的正确与否，直接影响到能否被对方听懂或正确地听懂对方。一个系统掌握了语音理论知识且会运用于实践的学生，既能在自己说英语时熟练地运用英语的朗读技巧，很自然地处理句子中的连读、不完全爆破、同化、

① 黄蕾. 多元文化视角下大学英语教育教学创新 [J]. 科学咨询（教育科研），2021（11）：43-45.

弱化等语音现象，又能在听英语的时候对这类语音现象作出迅速的反应，并准确地理解其意思。在多年的教学实践中，学生诉说最多的就是自己的听力水平太低，且难以提高。有些学生甚至因缺乏信心，干脆放弃听力，在考试中靠运气盲目地选答案。他们没有意识到，听力上的困难有时是由于自己不正确的语音造成的。因此在稍快的语速下，学生很难一遍、两遍就听懂。如果学生能够学好英语语音，就能够比较准确流利地拼读单词和朗读课文，顺利地听懂语音材料，自信地开口，从而增强他们学习英语的自信心。

3. 有助于培养阅读能力

对于非英语专业的学生来说，阅读水平无疑是衡量他们英语水平的一个重要手段，也是直接影响其考试成绩高低的一个重要方面。阅读理解的目的无非是考查学生的语法、词汇知识等综合水平，其中包括阅读速度。文字是记录有声语言的符号，如果掌握了这些符号的正确声音形象，学生在阅读时看到的书面符号就能很快在头脑中转换成相应的声音形象。这个转换过程的快慢决定着学生阅读速度的快慢。

（二）英语语音教学的现状

1. 不重视语音教学

目前在高校英语教学中，部分学校没有意识到语音教学的重要性，不重视语音教学，仍有不少教师认为学生的语音学习在大学之前已经完成了。实际上在大学之前，学生并没有系统地进行语音知识的学习，由于升级考试的压力，在中学阶段就没有对语音提起足够的重视，大部分学生的语音基础比较薄弱。很多学生并不能完全正确地拼读出国际音标，也不能说一口流利的英语，在英语听力方面也存在问题。学生能背诵语法规则，但不会应用。如果大学里也不重视语音的学习，学生的英语交际水平就很难提高。

在实际的语音教学中，教师通常只关注单个音标的发音，对学生的语音节奏、语调、语感等的培养不重视。学生不能具体深入地了解读音规则，在读英语句子时很容易出现语音错误，很难处理音变的问题，而盲目模仿会造成错误的发音习惯，以后很难纠正。

2. 认识误区及方言差异影响语音语调

不少学生对英语语音的学习存在误区，自身不重视语音的学习，认为在中学阶段已经掌握了语音，在大学阶段主要是为了应对考试而进行英语学习。学生们为了能够通过等级考试，通常会花费大量的时间背单词、做题，提高完形填空和阅读理解题的成绩，完全忽视了英语的综合性学习。不重视英语的听和说，忽略语音学习，英语能力难以得到提高。

我国人口众多，不同地区有不同的方言。由于教师在教学中没有重视语音教学，加上长期受方言的影响，很多学生英语语音底子薄，语调上普遍存在问题。由于受母语和方言的影响，很多学生在单音素发音方面存在用汉语拼音代替英语拼音的问题，发音口型也不正确，导致英语语音不准确。受汉语的影响，学生在单词读音上经常将重音移位，乱加音，不注意爆破。另外，在语流中节奏和重音方面也存在问题。汉语以音节为节拍，但英语以重音为节拍。学生通常不会处理重音，重音的表现力差，没有鲜明的节奏，因此在英语朗读中很难突出中心，大部分学生不会停顿，英语的过渡和连接有问题，没有英语的节奏感。在英语句子的学习中，学生不会把握语调，英语语调模糊单一，不能表达英语语言中的情感，很多学生是机械化的语调，分不出句子的属性。

3. 高校英语语音教学材料的缺乏

教材是学习的重要指引，但是目前我国高校英语教材对语音知识的涉及比较少，不能满足学生的学习要求，也不能进行语音测试。对非英语专业的学生来说，高校英语的语音教材不多，缺乏综合性和实用性。相关语音教材主要是针对英语专业的学生编写，不适合非英语专业学生的学习。有些语音教材没有对语音知识进行系统的介绍，只是偏向于单音素的发音，学生们很难找到适合自身英语水平的语音教材，不利于语音的学习。

（三）英汉语音的文化差异

1. 汉英重音差异分析

汉语和英语句子中都存在重音现象，而且重音对英汉句子的含义都有着重要的影响。英语中通常将可以改变句子含义的重音称作“表意重音”，汉语中则将此类重音称作“语法重音”。

汉英重音的差异主要表现在重音的位置上。汉语中的重音一般都落在主语、宾语以及补语上，而英语中的重音一般落在实词上，虚词的读音一般比较轻柔，有时甚至一带而过。

2. 汉英音节差异分析

音节是组成语音序列的单位，也是语音中最小的结构单位。汉、英在音节上有着显著的差别。在汉语中，一个字就是一个音节，且汉语音节除少数的感叹词由声母单独构成外，其余的字均是由声母加韵母构成的。汉语中的声母不能单独使用，必须要和韵母一起构成音节。汉语中的韵母可以分为单韵母和复韵母，此外根据其发音的不同，还可以分为前鼻音韵母和后鼻音韵母。汉语中的两个或者两个以上的韵母还可以构成二合复韵母和三合复韵母，这些韵母构成了一个整体音节。英语属拼音文字，音节可分为元音和辅音两种音素。英语中一个元音音素可构成一个音节，一个元音音素和一个或几个辅音音素结合也可以构成一个音节。汉语是方块字，一个字就是一个音节。汉语的音节也可以进行切分，分为声母、韵母和声调三个部分。英语中的单词通常由一个或者多个音节构成。在构成音节时，英语的辅音是可以连续使用的，即在一个音节中可能出现几个辅音一起构成一组辅音的现象。英语中的元音多是单元音或复合元音。一般三个以上的元音被认为是由单元音和复合元音构成的，且组成单元音的两个音节不属于同一个音节。

3. 汉英声调与语调差异分析

汉语为声调语言，共包含四种声调，分别为阴平、阳平、上声、去声。汉语中的每一个字都有自己的声调，而且汉语中的声调可以区别语义。不同的读音又表达不同的含义。就某种程度来讲，汉语中的一字一调实际上就是一义一调。

英语为语调语言，包含三种语调：平调、降调和升调。通常情况下，英语中只有短语和句子有语调，单个单词不具有语调。也就是说，这些语调在句子和短语中才能得以体现。一般来讲，语调在英语口语中的意义更加突出，它对口语中思想以及情感的表达有着重要的作用。通过句子的语调变化就可以判断一个人的说话意图及其言外之意。而且，相同的句子因其语调的不同表达的意思也有所不同。

4. 节奏的差异分析

英、汉语的节奏表现手段不同。英语是一种以“重音计时”的语言，而汉语是以“音节计时”的语言。英、汉语音的比较还可以扩展到对不同文体的表达技巧的分析比较上。英、汉语音体系的比较会帮助师生尽快摆脱“中国式”的英语发音，这样语音就不会成为影响学生听力理解的障碍，从而有利于提高交际的效率。

（四）多元文化下英语语音教学

语言是人类交际活动的重要途径，语音是语言交流的载体，如果失去了语音，人们的日常交往、商贸活动、语言教学都将无法正常进行，因此语音教学是语言教学的基础。在语音教学上，每位教师都应该了解英汉两种语言在语音方面的异同，注意英汉两种语音的对比，从而能够预见学生在语音学习中的重点和难点，在教学方法上采取相应的措施，以提高英语的教学质量，减少甚至消除母语负向迁移的影响。在语音教学中，要把听音—辨音—模仿—正音相结合，反复练习，从而为提高英语听说能力打下坚实的基础。语音教学的主要方法如下。

1. 多模仿少讲解

语音教学的一个重要内容就是音标教学，而音标教学又是枯燥乏味的，如何使学生对音标学习产生兴趣，斯蒂文认为在语音教学中，模仿、训练、讲解很重要。教师应该鼓励学生模仿，不要浪费时间进行解释，在多数情况下，直接的模仿就可以满足需要。在模仿有困难的时候，进行语音训练，利用一些有针对性的语音材料进行反复操练。而斯特恩也强调模仿的重要性，他认为语音教学应该是个连续体，即“暴露—模仿—训练—讲解”的过程。暴露是指教师为学生呈现真实的语音材料，这种真实的语音材料可能是一种没有引导说明的录音材料，也可能是一种自然的语言场景。

2. 以听为切入点，听练结合

语音教学中，听音是不可或缺的部分。胡春洞认为，听是语音教学的根本方法。先听音、后开口，听清发准，是语音教学的基本步骤。在语音学习中，要求学生模仿性听，即以模仿为主地听，学生要静静地听，同时在心中默默模仿；在听音过程中还要进行辨音性听，这样可以有针对性地训练学生的辨音能力。当然，语音教学中，光听不行，还要语音操练。在听辨和模仿纯正的语音语调的基础上，反复操练。如果说听是语音学习的播种阶段的话，那么，练就是浇水、施肥松土、除草阶段。在语音操练过程中，要使机械、单一、重复和枯燥的语音操练变得多样有趣，就需要教师发挥创造力。

3. 利用语言的迁移规律，进行语音教学

在语音教学中，要充分利用英语语音和汉语拼音间的相似之处，即汉语拼音对英语语音的正迁移，来促进语音学习；反之，利用二者的不同之处，即负迁移，来避免汉语拼音对英语语音学习的阻碍，也是学习的难点。

二、多元文化下的英语词汇教学

（一）英语词汇教学的意义

要掌握英语必须学会一定数量的英语单词。一个学生掌握词汇量的多少和正确运用词汇的程度是衡量其语言水平的重要标志。在英语教学中，学生掌握词汇数量的多少和运用词汇的熟练程度对语言交际能力的培养有着直接的影响。语音、词汇、语法三者相比较，无论从数量上还是从意义上和用法上来讲，词汇都是最难掌握的。在英语教学过程中，学生抱怨最多的就是英语单词难读、难记、难写，记住了又容易忘记，费时费力且效果不佳。因此，加强英语词汇教学的研究，探索英语词汇教学的新方法，在英语教学中具有十分重要的意义。

（二）英语词汇教学的内容

1. 信息

词汇的信息主要指拼写、发音、词性、词缀等。

词汇的读音和拼写是词汇存在的基础，是各个词汇相互区别的第一要素。词汇一开始就有声音的形式，所以词汇教学的第一步也应该从语音开始。词汇的发音，既是语音教学的范畴，又是词汇教学的范畴，因此，讲解词汇应从语音入手。

另外，除了发音外，教师还要注意将词汇的音与形结合起来，引导学生将词汇的音和形联系在一起进行记忆，从而形成“见形知音，因音记形”的能力。词缀也是理解词汇信息的一个重要方面。英语词缀主要有前缀和后缀两种，给单词加前缀，可以改变词汇的词义。

2. 用法

词汇的用法指各类词的不同用法，如搭配、短语、习语、语域等。词汇搭配是英语教学中的一个重要内容。在具体的语境中，一个词一般要与某些特定的词汇搭配。例如，decision 应与动词 make 或 take 搭配，而 conclusion 应与 come to 搭配。又如，permit、consider、suggest 等动词后只能接名词，不能接不定式；有些词组是固定搭配，不能混用，如 go to school、go to bed，不可说成 go to home。从语域上看，词汇有正式与非正式、褒义与贬义、抽象与具体之分。例如，children 为中性词，offspring 用于正式场合，kids 用于非正式场合。

3. 策略

根据词汇学习的特征，可将其分为调控策略、资源策略、认知策略、记忆策略和活动策略五种。

调控策略，即对整个词汇学习进行计划、实施、反思、评价和调整以及资源的使用与监控等。调控策略属于元认知策略。

资源策略，即通过接触新词帮助学生增加词汇量的技巧和方法，如利用网络、词典、广告等学习词汇。

认知策略，即为完成具体的学习任务而采取的行为和方法，如猜测词义、利用上下文、记笔记等。

记忆策略，即帮助人们记忆的策略，如根据构词法、上下文和分类方式等记忆词汇。

活动策略，即通过课堂上的活动来运用词汇，如讲故事、写信、与他人沟通等。

三、多元文化下的英语语法教学

（一）英语语法教学的意义

1. 语法是句子产生的机制

学习任何一种语言，学生都要不断地记忆各种语言项目，如词汇、短语、句子等，即“项目学习”。但是，一个人能够记忆的单个项目的数量是非常有限的，因为他还要花费更多的时间去学习其他的语言模式或规则，从而利用已经记忆的项目构成新的句子。这里的模式或规则就是语法。英语语法是一种帮助学生运用已知词汇和自身的创造力产生无数句子的机制。因此，英语语法教学可以为学生提供更多创造语言的机会。

2. 语法知识具有调整的功能

英语词汇只有按照一定的语法规则才能组成可以被理解的句子。对学生来说，在课堂上他们可以接触大量的语言材料，根据这些资料，他们还可以创造出很多新的句子，但受语言能力的制约，他们在表达时通常出现表述不清的情况，此时就应该运用语法知识进行调整，以使句子表达更加准确、清晰。

3. 语法教学有利于学生长远的语言学习

英语教学专家施密特在学习西班牙语的过程中，充分体会到了西班牙语语法对西班牙语学习的重要性。施密特在学习初期就报名参加了一个正规的西班牙语学习班，这里的老师特别重视语法。所以，在巴西旅行的过程中，施密特的语言表达能力进步很快。他发现，在与当地人交流的过程中，很多课上老师讲解过的语法项目总能被提到。于是，他便开始留意各种语法项目，在与当地人不断交流的过程中，将语法知识记忆得十分牢固。最终，施密特得出一个结论，即学习西班牙语的语法对于掌握这门语言有较大的作用。同理，英语语法项目的学习也会对英语语言能力的提高有重要意义。

4. 语法教学有利于学生分项掌握语言的组成成分

每一种语言都有属于自己的庞大系统，而语法作为语言的一个重要系统，还包含着多个子系统，它是由固定数目的明确规则构成的，所以语法教学必然会减轻语言教学的工作量。在学习语法的过程中通常要将语言进行分解，组织成各自的范畴，从而明确语言教学的各个目标。

（二）英语语法教学的内容

词法和句法是英语语法教学内容的两大方面。词法主要包括构词法和词类。构词法主要涉及词缀、词的转化、派生、合成等内容，而词类则包括静态词和动态词两种。这里的静态词主要指名词、形容词、代词、副词、数词、介词、连词、冠词、感叹词等。静态词并非绝对的静止不变，如名词有性和数格的变化，形容词有比较级和最高级的变化。动态词主要包括动词以及直接与动词相关的时态、语态、情态动词、助动词、不定式分词、动名词、虚拟语气等。句法可分为句子成分、句子分类、标点符号三个部分。英语句子的成分主要有主语、谓语、宾语、表语、定语、状语、同位语、独立成分等。从目的方面考虑，句子可分为陈述句、祈使句、感叹句、疑问句。从结构上看，句子则包括简单句、复合句和并列句。与句子有关的内容还包括主句、从句、省略句等。标点符号也是句法学习的重要内容之一，此外还有词组的分类、功能、不规则动词等。

（三）英语语法的文化差异

1. 词类及其应用方面的差异

从词类方面讲，英语和汉语有不少相同的地方，如英汉语言都有名词、代词、动词、形容词、副词、介词等。但也存在不同的地方，如英语中有冠词，汉语中则没有。英语单词的词形会发生变化，而汉语则不会。另外，词类的差异还反映在词的应用上，具体地说，主要体现在以下几个方面。

第一，动词。英汉语言最大的差异之一就体现在对动词的运用上。汉语动词灵活多变，可单独使用，可连续使用，也可叠用，而英语则不能重叠使用。此外，英语动词受人称、时态等限制，词形也随之发生变化。翻译时须视情况作出相应的变化。如果在一个汉语句中有两个或两个以上的动词，译成英语时，要么使用动词的非谓语形式，要么加连接词使其成为并列成分，要么使动词变成其他形式，如名词、介词短语等，有时也可省略某个动词。英译汉时则注意把这些句子变为拥有两个或两个以上动词的句子。

第二，名词。所谓名词就是表示事物名称的词。英汉两种语言中都有名词，这一点是相同的。但是，英语名词词形因单、复数之分而发生变化。在汉译英时，要根据上下文作适当的增补。

第三，冠词。冠词就是用在名词前的限定词。英语里存在大量的冠词，而汉语中却没有冠词。英语的冠词通常分为定冠词和不定冠词两种，分别用 the、a 或 an 表示。定冠词表示特指某事或某人，不定冠词表示泛指，但是定冠词有时也可用来表示泛指。有时用定冠词，有时用不定冠词，有时不用冠词。什么时候用，什么时候不用，要根据上下文而定。英汉互译时需根据需要作必要的增删。

第四，虚词。虚词主要起辅助或移情的作用。英汉这两种语言都有各自的虚词。但较之英语，汉语的虚词要多得多，如汉语有“的”“吗”“了”“呀”“而”等，英语则没有与之对应的虚词。而英语的 it 和 there，在汉语里找不到对应的词。英译汉时，有时需要增补必要的语气助词，汉译英时则把这些词略去不译。

2. 句法方面的差异

在句子结构方面，英汉两种语言都存在着无主句，即没有主语的句子。但是相比较而言，汉语中的无主句要比英语无主句多得多。英语的句子一般说来，结构比较完整，在把汉语的无主句译成英语时须加上主语，当然有时也可用被动结构来翻译。

英语多被动，汉语多主动。据统计，英语中的被动句的使用频率远远高于汉语。在英语中如果不知道谁是动作的执行者，没有必要或不想指出谁是动作的执行者，强调或突出动作的承受者，一般都用被动语态。而在汉语中主动句居多。因此，英译汉时，常将英语的被动结构改为汉语的主动结构，以便符合汉语的思维表达习惯。

3. 词序方面的差异

从语序方面讲，英语和汉语同属分析性语言，都采用“主语 + 谓语 + 宾语”的线性排列顺序，但在运用时仍有许多不同的地方。主要表现在以下几个方面。

英语的修饰语，如定语和状语，其位置比较灵活，可出现在被修饰成分之前或之后，如果修饰语是短语或分句，则需要放在被修饰成分之后，而汉语的修饰语无论是词还是词组或分句，都放在被修饰成分之前。翻译时，需视情况对这些位置作出必要的调整，以符合英汉两种语言的行文习惯。

为了取得句子形式上的平衡，避免头重脚轻的现象发生，或是为了强调某个成分，英语中通常采用倒装的办法，而汉语里则没有倒装的情况。翻译时，需对这些位置进行调整。

英语句常把判断性或结论性的部分放在句子的前面，汉语则放在句子的末尾。

如果一个句子有几个并列词语，词义有轻重强弱之分，英语的排列顺序是先轻后重、先弱后强，汉语则相反。

汉语和英语都有固定词序的并列结构的词语，翻译时需要根据译文的习惯进行调整。

（四）多元文化下英语语法教学的策略

1. 增强语法意识

克拉申认为，当学习者有足够的目标语言的输入时，语言学习就可以发生，这是不言而喻的事情。语言输入要想取得效果，必须是可理解性的，只有被理解的语言输入才能被存储于长期记忆之中。听力和阅读作为语言输入的主要方式，对语言学习的作用不言而喻。问题是如何才能正确地理解输入的材料。影响我们正确理解语言的因素很多，比如词汇、句法、语境等，但毋庸置疑，能否充分地理解输入材料中成分间的正确关系，即语法结构，是最终实现可理解性输入与否的关键。

语法知识的学习应当是高校英语课堂尤其是低级阶段教学的重要组成部分。与其他阶段英语教学不同，它显然不应当再继续孤立地扮演支配性角色，而应同听说等英语技能结合起来。听说能力的培养和语法知识的讲解是不矛盾的，语法教学的目的也是更有效地传递说话者的信息，服务于语言技能的培养。

2. 语法教学要有针对性和选择性

高校的语法学习并不是要求教师把学生以前所学的语法知识重新教授给学

生一遍，这只会引起学生的反感。教师在语法教学中应该有选择性和针对性，可以先通过调查问卷或测验的方式检验学生对语法的掌握程度以及不足。重点讲解学生掌握不好或没有掌握的语法，通过语法教学做到温故知新，夯实学生的英语基本功，以更好地开展听说教学。

3. 把语法教学变生动

高校语法教学的关键是引起学生学习的兴趣。所以教师在进行语法教学时，可选用一些生动有趣、与实际生活相关的句子，引出所要讲解的语法知识，之后教学生一些记忆语法知识的有效方法，让学生在头脑中形成一个完整的知识框架，将以前学过的语法点分类串起来，而不是零零散散一盘沙。还有，在语法教学中进行适当的练习，可以使学生巩固对语法的理解，检验是否真正掌握了语法知识。

第三节 基于多元文化思维的英语能力教学

一、多元文化下的英语听力教学

（一）英语听力的意义

1. 听是人们交流的重要手段

高校学生英语综合能力的五个方面，听、说、读、写、译，听力应排在最前面。随着全球化进程的加快，我国与国际交流的范围日益扩大、程度日益加深，在经贸、科技、文化、教育等各个领域都需要与国外展开广泛的交流与合作，社会对人们英语听力能力的要求更高了。然而对多数高校学生来说，听力是弱项，因此加强英语听力教学显得尤为重要。

2. 听可以促进说、读、写能力

听是英语五项基本技能之一。听力能力的提高对发展学生其他各项能力如说、读、写的能力能够起到促进作用。听力教学的任务是使学生学会如何从语言因素中提取信息、理解信息。提取信息是语言表达的基础，只有听懂了、听准了，才能传达自己的语言信息，才能达到交际的目的。听力能力的培养与交际能力的提高是相辅相成的。听力能力是交际能力的前提和基础，而交际能力是听力能力的结果和目的。只有听力能力提高了，才能使说、读、写顺利进行。此外，只有听力教学质量提高了，才不会影响口语教学、阅读教学和写作教学等的顺利进行。[①]

（二）英语听力的教学内容

现阶段的高校英语听力教学中，应该包括听力知识、听力技能、听力理解和逻辑推理四个方面的内容。

1. 听力知识

听力基础知识是学生英语听力技能培养与提高的基础，主要包括语音知识、语用知识、策略知识、文化知识等。

语音教学是听力教学的重要内容。在实际的交际过程中，同一个句子会在发音、重读、语调等的变化中产生不同的语用含义，表现出交际者不同的交际意图与情感。在听力教学过程中，帮助学生掌握英语的发音、重读、连读、意群和语调等语音知识，对学生语音的识别能力和反应能力的提高有积极的促进作用。同时在教学过程中，教师还应对学生进行听音、意群、重读等方面的训练，训练内容既要包括词、句，也要包括段落、文章，使学生熟悉英语的表达习惯、节奏，适应英语语流，从而为学生提高听力理解的能力打下坚实的基础。这种训练还能在无形中培养学生的英语思维能力，促进其“二语习得”能力的提高。

听力知识还包括语用知识、策略知识、文化知识，这些知识的科学教学也是提高学习者英语听力能力的重要手段。其中语用知识的学习能够帮助学生理解话语内涵，增加其对话语的理解程度；策略知识的学习能够帮助学生依据不同的听力材料和听力任务进行策略选择，从而提高听力的针对性；文化知识的学习对于学生日后英语的跨文化交际有着积极的促进作用，有利于不同文化背景下交际的顺利进行。

2. 听力技能

（1）辨别分析能力

学生必须具备辨别分析能力，即能够辨别出听力材料的哪部分是主要内容、主题思想，哪些单词和短语是上下文内容的关键词，从而在听音时有的放矢，有意识地将注意力集中在这些重要内容上。

学生们听音普遍存在的心理状态是：力求听出每个词、每句话，对话语的每个词赋予同等注意力，唯恐漏掉一点儿信息。其实这是办不到的，也是不必要的。

① 李勇．基于多元文化视角的高校英语教育教学分析 [J]. 陕西教育（高教），2021（8）：43-44.

听文字材料的目的是在了解文章大意、中心思想的基础上，抓住重要事实、要点和细节，特别是一些重要数据。至于遇到个别听不懂的词或句子，可暂且放过，坚持听完全文。

（2）记忆储存能力

在听力理解的三个阶段中，感觉记忆中的声音信号经过筛选，一部分进入短时记忆进行加工处理，但是短时记忆容量很有限。

学生从听到的话语中构建出意思以后，会把信息储存到长期记忆中备用。一般储存在长期记忆中的信息都是筛选过的，并不是一字不漏地储藏。

（3）联想猜测能力

听懂话语的过程是一个意义重构的过程而不是被动地接收的过程。

学生可以根据上下文关系、用词的含义及语调等的变化，对某些没听懂的部分进行合乎情理的猜测，也可以根据前文提供的“线索”对某些未知因素进行联想猜测。联想和猜测可激发于听音的开始阶段，并贯穿于听音全过程。

（4）快速反应能力

听力理解是人的听觉能达到理解程度的各种认知能力的综合，听力理解过程的特点是：信息瞬间即逝，要求学习者在极有限的时间里，领会说话者的意思或意图，这就要求学生在听力学习中要具有快速反应的能力。

（5）边听边记能力

长对话的篇幅较长，要想听过之后就能将主要的内容都清楚地记在脑子里，几乎是不可能的，学生只有听一遍的机会，只能边听、边记、边答。边听边记是听力中一项非常重要的技能。

教师可以用中等长度的比较口语化的片段，训练学生记录典型细节和例证的速度；可以通过新闻体文章或短文，训练学生抓住关键词和关键内容；可以通过长篇演讲、专题报告，训练学生分清主次信息，使记录的内容逻辑条理清楚、层次分明、主题明确。

另外，学生最好学会拟定一些速记符号，以帮助记忆与回想。好的笔记最突出的特点是简洁、实用、明白。

3. 听力理解

英语听力知识的学习与听力技能的教授是为英语听力理解服务的。语言由于使用目的、交际者等因素的作用会带有不同的语用含义，因此对话语的正确理解成为英语听力教学中的重点和难点。教师在听力理解的教学过程中，应该使学生懂得如何从对字面意义的理解上升到对隐含意义的把握，继而提高英语的综合语用能力。具体来说，英语听力理解主要包含以下几个阶段。

第一，辨认。辨认主要包括语音辨认、信息辨认、符号辨认等方面。尽管辨认处于第一个阶段，属于第一层次，但却是后面几个阶段开展的重要基础。一旦学生无法辨认听到的内容，那么理解也就无从谈起了。辨认有不同的等级，最初级的辨认是语音辨认，最高级的辨认则是说话者意图的辨认。教师可以通过正误辨认、匹配、勾画等具体方式训练和检验学生的辨别能力，如根据听到的内容给听力材料的句子排序。

第二，分析。分析要求学生能将听到的内容转化到图、表中去。这个阶段要求学生可以在语流中辨别出短语或句型，以此对日常生活中的谈话内容有大致的理解。

第三，重组。重组要求学生用自己的语言将听到的内容以口头或书面的方式表达出来。

4. 逻辑推理

逻辑推理主要涉及四种逻辑关系，习得这四种逻辑关系，即可基本掌握逻辑推理之方法。

（1）因果关系

因果关系，体现对某个事件的归因，或对某个意群的总结。要点在于通过因果关系连词，对上文描述进行原因归纳或给出结论，最终形成的归纳或结论就是重点句。

常见因果关系类的连词可分为“原因”和“结论”两大类。“原因”类连接词有 because、due to、by 等，“结论”类连接词有 so、that means、which means that 等。

（2）对比关系

对比关系主要体现为两个意群间的转折。要点在于通过连接词，在前后两条信息中突出其中之一，而被突出的信息往往就是重点。

因此，学生应当熟悉这一类型的常见连接词，如能在听题过程中听到，便能马上确定重点句的位置，并准确圈定重点。通常，听力中的对比关系连接词可分为三类，分别是表示“然而”“但是”类的连接词；表示“而不是”类的连接词；表示“不像……才是……”类的连接词。

（3）并列关系

并列关系，体现两条信息的相近性。要点在于通过并列连词的提示，由已知信息推断出相应位置的缺失信息，即重点句。学生应熟悉典型的并列连词，听到时能够迅速根据已知信息的位置，向前或向后识别出重点句。

（4）顺序关系

顺序关系，体现多条信息在流程上的先后衔接，多见于流程图题和提纲填空题。要点在于原文中通过典型连词，引出下一个环节、步骤或程序等。其中，与题干表述对应的顺序点，往往就是中心句所在位置。

（三）多元文化下英语听力教学策略

1. 加强文化背景知识的传授

在英语听力课教学中，教师在传授语言知识的同时，应注重文化背景知识的传授。文化背景知识的传授应该密切结合实践课，其目的是使学生更深刻地理解英语，更准确恰当地使用英语。因此，在英语教学流程中，应该根据学生的英语水平和教学内容需要，有计划、有针对性地导入文化背景知识，在提高学生语言能力的同时，丰富他们关于英语国家文化知识的储备。方法如下：①培养学生的文化意识，增强学生学习的兴趣；②改变教师的教学观念，提高教师自身素质；③精心选择实践性强的教材；④采用丰富多彩的教学方式。

2. 加强文化意识的培养

在英语听力教学中加强学生文化意识的培养是很重要的。听力材料的理解不仅依赖于较高的英语知识水平，还受到文化因素的影响。很多学习者能够听懂英语听力中的句子却不能很好地理解句子含义，其中一部分原因就是对材料中所反映的文化不了解。因此培养学生的文化意识很有必要。

在听力教学中渗透跨文化意识的培养。课上的时间是有限的，教师可以引导学生自己主动探究不同文化之间的差异。在听力教学中教师可以向学生推荐一些体现不同文化特点的电影，这样的电影既可以帮助学生提高英语听力水平，又可以让学生了解文化差异。

听力教师可以在听力课上组织学生听一些反映各国不同文化背景的材料，并将学生分为两组，让学生自己找出涉及的文化差异的具体体现并写下来，最后看哪一组写得多。

二、多元文化下的英语口语教学

（一）英语口语教学的意义

1. 口语能够帮助学生丰富词汇量

孤立的单词不容易记，而语句、文章是有情节的，词在句子里，联系上下文更便于识记。学生经常练习口语，接触到的生词、句式日益增多，这对学生灵活运用常用词以及短语十分有益。实践证明，英语表达能力强的学生都善于通过口语积累词汇。

2. 口语能够提高口语表达能力

只有在英语学习开始时就注意语音、语调，大胆效仿，及时纠正口型和舌位，才能讲出标准的英语。对于学生的英语口语表达能力的培养，口语训练就更为重要了。其作用有二：①口语训练有助于学生冲破心理障碍。学生敢于大声朗读英语课文，就敢于开口说英语；②反复大声朗读英语课文，特别是长期坚持以后，能够使学生形成一定的语感，并初步养成用英语思维的习惯。

3. 口语能够促进学生听力和思维能力的发展

教师范读或播放课文录音，能使学生保持高度的注意力，唤起他们的感知和想象。这些具体的形象既能帮助学生增强对词汇和语言结构的记忆，又能增强学生的语感。学生示范口语可以用于新课之始，也可在熟悉新词语之后进行。

4. 口语训练有助于培养学生的语感

学习语言就必须培养语感，语感对学好一门语言起到了重要的作用。语感强调通过对语言文字的直觉感受，最终达到快速领悟语言文字的境界，是构成一个人英语素质的核心因素。而语感是经后天的培养产生的，在言语实践中，听觉、视觉等各种感官在与语言材料的接触中，不断积累语言知识，体会其语音、语义、语调及语气，日积月累，便逐渐培养了对语言的感知。

（二）英语口语教学的内容

高校英语口语教学的内容主要包括语音训练、词汇、语法、文化知识等。

1. 语音训练

语音是学习英语口语的基础。语音训练的目标就是掌握正确的语音和语调，包括重读、弱读、连读、音节、意群、停顿等。错误的发音或不同的语调会使对方理解困难，甚至产生误解。

2. 词汇

词汇是英语学习的基础，无论是英语听力、阅读、口语还是写作都离不开词汇。没有足够的词汇量就没有足够的输出语料，因此就不能进行信息的交流和沟通。词汇是信息的载体，如果没有足够量的词汇，就不能在脑中形成既定的预制词块，这必然会影响英语的输出效率。有效的词汇输入是词汇输出的条件，口语交际功能的实现离不开充足的词汇量。在口语教学中应该加强学生词汇量的积累。

3. 语法

语法是单词构成句子的基本法则，要想实现沟通的目的就必须要构建符合语法规则的句子。只有句子符合语法规则才可以被听者理解。

词汇是句子含义的载体，语法是句子结构的基础，二者必须有机结合才能实现口语表达的实用性和高效性。

4. 文化知识

在口语交际中，文化知识也十分重要。交际的得体性决定了学生必须掌握一定的文化知识，包括普通的文化规则和不同文化之间的交际规则。也就是说，学生除了要具备扎实的语言基础知识外，还要具备一定的文化知识。

（三）多元文化视野下的英语口语教学策略

1. 重视文化差异对口语带来的影响

（1）词汇等交际文化对英语口语的影响

各种语言中除一部分核心词汇外，许多词汇都有着特定的文化信息，即“文化内涵词”。这些词会影响到学习者对英语的正确使用。此外，有些词语的表意也是很丰富的。英语的 cousin 一词对应中文中的堂兄、堂弟、堂姐、堂妹、表兄、表弟、表姐、表妹这些词，可谓一词多义。汉语中表达烹饪的词汇有五十多个，英语中却只有十几个，所以不能将英汉词汇简单地对等。

（2）习语文化差异对英语口语的影响

不论是在中文里，还是在英文中，都蕴含着丰富的习语。它们简短生动，是历史文化积淀的产物，不深入了解文化背景就无法理解习语。认识习语中的单词，并不代表理解了这个习语的意思，要想在英语口语中正确地使用习语，必须掌握和习语有关的文化知识。

2. 探索英语口语教学的途径

（1）培养学习者宽容的语言态度

据估计，使用英语的人数目前已经接近世界总人口的四分之一，而学习者的人数更是不可胜数。面对这一现实，从事英语教育或学习的人应充分认识到英语学习的目的已不局限于同英、美、加、澳等国家的母语使用者进行交流，而是要运用英语与来自不同背景的人们进行跨文化交流。所以英语教学面临着双重任务：调和、认清英语各文化背景间的不同，以保持国际交流中的互通性，也就是教授地道的标准英语，同时也要照顾到英语的最大使用者群体，即非母语使用者的社会及心理需求，特别是在口语教学中应增加学生对多元化语境的感性认识，以熟悉各种英语文化。培养学习者开放、宽容的语言态度，即对多元文化英语的容忍度，提高跨文化交际的意识和能力。

（2）增加自然语言的输入

英语的多元文化是语言上的差异，在口语训练中需要有所革新，适当地增加多元文化语境，在所选的口语教材中应当增加自然语言的占比。如按照日常场景进行的真实谈话，这些话语中含有重复、省略、简化、停顿，世界各地不同的口音，甚至含有不合语法规则的成分。要使学生掌握英语中各种各样的自然表达方式，口语课不能只固定采用一套教材，而应该添加一些辅助的听力材料，特别是真实的录音材料。因为在现实生活中人们的语言千差万别，口语课的教学内容也应该是丰富多样的。要让学生听到和习惯各种不同文化下的口语语境，以增强学生学习的灵活性、适应时代的需求。

（3）培育学生良好的学习态度

在口语学习中，交际的动机以及对英语国家的社会、文化的认同态度对学生的参与动机起决定性作用。学习口语的目的是要把英语作为交际工具来使用。当今社会多元文化发展迅速，口语课堂也要随时代而进步，所传授的知识必须与时俱进，适应社会的需要。要让学生拥有将英语作为交际工具的动机，并且对英语国家的文化差异有主动学习了解的欲望，则学生学习参与的态度会是积极而主动的，效果也会是明显的。教师应从主观上对英语的多元文化有丰富的理解，从自己对英语国家的社会文化认同方面来调动学生学习的积极性，培养学生的参与精神。教师更需要考虑到学生将来走出校门能否用到所学的知识，能否真正用所学的知识去交流。所以平常应当给学生讲授一些有实际操作性的知识。

三、多元文化下的英语阅读教学

（一）英语阅读教学的意义

英语阅读既是英语学习者的学习目的，又是其学习手段。进行英语阅读教学具有多方面的重要性。

1. 阅读是培养语感的最好方法

大量研究表明，好的英语是读出来的，好的语感更离不开大量的阅读。周健提出，语感的获得方式有两种，其中之一就是“自然语言实践”，即通过大量的言语接触，使言语本身的规则在主体大脑中积淀到相对完整和巩固的程度，从而形成一种言语结构。儿童的母语语感就是通过这种方式获得的。中国人常说“书读百遍，其义自见”，提倡的就是这种自然习得，这种输入和接触就是大量阅读。

目前，很多英语学习者都视英语阅读为苦读。事实上，英语阅读应该是轻松愉快的，也可以是轻松愉快的。要乐读就要求选读，即选择材料阅读。在选材上要遵守简单原则，坚持从简单处出发，从简单处学起。建议学习者从简易读物读起，选择生动有趣、富有吸引力而又能启发心智的读物，而不是一开始就抱着英文原著苦读、死读。简单的东西可以学以致用，从而提高学习的兴趣。

2. 阅读可以提高技能及兴趣

英语学习者通过阅读培养英语阅读能力，并以阅读能力为基础发展其他能力，如听、写、说、译等能力。随着阅读能力的不断提高、语言知识的不断增加，英语阅读量也会不断增加，学生的注意力会有一部分转移到阅读材料的内容上。对题材内容产生了兴趣，英语学习者在英语阅读中体会了英语学习的进步与成就，反过来又进一步激发了英语学习的兴趣。通过广泛大量的英语阅读，英语学习者获取了知识、增长了见识、开阔了眼界，进一步增强了英语学习的动机。

3. 阅读有利于全面发展

英语阅读不仅能使英语学习者增长知识、提高兴趣，也会提高其抽象概括、归纳综合、逻辑思维、理解记忆等方面的能力。阅读一方面由文字到思想，另一方面由思想到文字。对于文章的理解离不开读者已经具有的背景知识，也离不开读者依据上下文进行的推测。

4. 阅读是获取信息的主要渠道

对高校学生来说，学习英语的目的除了满足与国外同行直接用英语沟通的需要之外，主要是利用英语获取专业信息，服务于自己所从事的工作。获取信息可以通过“听”，但主要的渠道还是“读”，无论信息的载体是互联网还是电子书或者纸质书籍。

（二）英语阅读教学的内容

无论哪种教学，教学内容都必须以教学目的为出发点。英语阅读教学的目的在于培养学生的阅读能力，使学生能够通过阅读英语材料获取所需信息。

（三）多元文化下英语阅读教学的策略

1. 因材施教

不同的学生有着不同的个性、语言水平。在当下以学生为主体的教学理念的指导下，英语阅读教学必须按照因材施教的原则进行。这就要求教师要选择合适的教学方法，满足不同水平、不同目标的学生的特殊需求，使每个学生的阅读技能都能得到提升。

2. 多样化

多样化包括两个方面：导入内容的多样化和导入形式的多样化。

（1）导入内容的多样化

第一，所选材料应经常变换体裁，不能局限于一种体裁。这样才能满足学生多样化的需求，使学生熟悉各种体裁文章的不同行文特点，从而提高阅读理解的准确性。

第二，所选材料不能局限于一类主题，而应经常变换题材。这样才能增加学生不同方面的文化知识，以提高阅读理解水平。

（2）导入形式的多样化

第一，根据实际情况，运用比较、融入、注释、体验等多种方法导入相关文化知识。

第二，通过图片、视频、音频等材料来对某一个文化现象进行解释和说明，从而让学生从真实的文化环境中了解与掌握语言所负载的文化内涵，体验英语国家的文化。

需要注意的是，作为教学活动的引导者和组织者，教师扮演着文化传承人的角色。因此，教师除了要在文化导入的过程中注意上述几个方面以外，更要在课内外不断加强自身的文化素养，并能在阅读教学过程中融入相关的文化背景知识和内容，讲授语言深层的文化内涵。

3. 循序渐进

由于学生的语言水平参差不齐，在阅读教学的基础阶段，教师在选择导入内容时不能一上来就选择那些较难理解的文化知识，而应按照循序渐进的方式，由浅入深、由简单到复杂地逐步导入相关的文化知识和内容。此外，教师在导入英语国家的文化背景知识时，应尽量选择那些与学生的生活密切相关的内容，或想办法将要导入的内容与学生的生活联系起来，这样才能更好地激发学生学习英语的兴趣和热情。

四、多元文化下的英语写作教学

（一）英语写作教学的意义

写作是人类表达思想和传播知识的重要手段。无论在母语还是二语的习得过程中，写作对于大多数学生来说都是一个难题。尤其是我国学生将英语作为第二语言学习时，英语写作就不仅仅是一种表达思想的媒介，更是综合衡量学生掌握语言水平情况的重要尺度。作为学习者语言输出的重要手段，英语作文最能全面反映学习者的语言基础、认知水平、思想高度和文字综合运用能力。因此，写作教学在英语教学中具有重要的意义。

（二）英语写作教学的内容

英语写作其实是把清晰严密的思维以“论点 + 论据”的形式表现出来，是一种英语综合能力的体现，其包含了对语言的逻辑分析、组织、运用表述的各项能力。具体来说，高校英语写作教学的内容如下。

1. 发现论点

主要知识点：主题句的位置与构成、主题句的写作要求。能力培养要求：让学生了解什么是主题句，怎么写一个合格的主题句。

2. 开头与结尾段落的写作

主要知识点：开头与结尾段落的主要写作手法。能力培养要求：让学生了解如何写作文的首段与结尾。

3. 写作过程

主要知识点：构思的主要方法，如自由写作、提问、草拟提纲等；修改的步骤。能力培养要求：让学生明白好的作文始于好的构思以及修改作文的必要性与具体步骤。

4. 段落的一致性

主要知识点：具体细节与恰当细节的应用。能力培养要求：使学生学会用具体论据支持论点。

5. 段落的连贯与过渡

主要知识点：组织论据的常用方法，如时间顺序、举例、因果、对比、定义、分类等；过渡词以及其他连接手段（如重复、代词、近义词）的应用。能力培养要求：让学生了解如何组织论据来支持论点。

6. 遣词造句

主要知识点：学习排比、前后一致、用词简洁而具体、变换句型；修改作文的主谓不一致、悬垂修饰语、修饰语错位、破句、粘连句等错误。能力培养要求：通过对遣词造句技巧的介绍，让学生学会在写作中正确地选词、用词，并能构建形式、结构多样的英语句子。

（三）多元文化下英语写作教学的策略

1. 文化导入

为了尽量减少汉语对学生英语写作的负面影响，在英语写作教学中，教师应鼓励学生通过多种渠道掌握中西方的文化差异以及这种差异带来的英汉写作上的不同，提高学生实际运用语言的能力。

中国学生的英语学习处于汉语文化环境中，思维、表达、写作无不受到汉语文化的影响，这对于学生了解和使用英语去思考、表达、写出地道的英语作文而言是十分不利的。因此，英语写作教学中，教师可以利用图片、音频、视频等教学手段，为学生创造有利的英语学习环境，让学生多了解英语文化背景；还可以安排学生与外籍教师、学者等沟通交流，了解英语文化的方方面面。通过多种渠道的了解和接触，学生开阔了视野，加深了对英语的感知力，提高了英语使用能力，久而久之，逐渐学会用英语思考、表达和写作，避免“中国式英语”。

2. 英汉写作对比分析

文化差异使英汉语篇写作也各具特色。对此，教师不妨有意识地剖析与演示英汉语篇的遣词造句、文章结构等方面，使学生了解二者之间的差异，并在写作时有意识地避免汉语思维的影响，写出更符合英语表达习惯和英语国家文化的作文。例如，在精读教学中，教师可通过细致地分析课文使学生了解和掌握各种题材与体裁文章的写作技巧、注意事项，如课文是如何发展主题、组织段落、完成连贯的，帮助学生对正确的英语语篇结构形成一个立体的、综合的认识。

另外，教师在批改作文时应指出学生写作中不符合英语表达习惯的语句，并可将其和地道的表达方式加以对比，使学生更清楚地看到差别，并在不断的修改过程中逐渐学会用英语进行思考，练就正确的表达。

第五章　跨文化交流思维下的高校英语教学路径研究

第一节　高校英语教学中的跨文化交际思维理论建构

一、跨文化英语教学的理论建构

语言变化与社会发展同步进行，英语教学作为一门应用型学科必须以社会发展的需要和学习者个人进步的需要为出发点，以帮助学习者适应社会经济及文化的发展为己任。跨文化交际成为当今世界交流的时代特征，跨文化交际能力成为学习者适应这一时代发展需要的必备能力，跨文化英语教学在这种背景下应运而生。

（一）高校英语跨文化教学理论基础

1. 语言与文化——语言教学与文化教学的关系

语言与文化之间密不可分的关系已经得到广泛认可。传统英语教学的基础学科——语言学，也从单纯的语言形式研究的禁锢中解放出来，衍生出了社会语言学、语用学、心理语言学等分支学科，进行了大量跨学科研究，使人们逐渐认识到语言与思维、社会、文化和交际之间千丝万缕的联系。任何一种语言的产生和发展都依赖于该语言群体及其赖以生存的社会文化。语言不仅具有表情达意的交际功能，它还是感知和思维的表现系统，前者是语言的外显功能，以语言输入和输出为形式；后者是语言的潜在功能，属于认知心理活动。两者相辅相成，构成语言使用的全过程。①

人与人之间的交际都是从个体对外界环境进行选择性的感知开始的，这个感知活动受个体的语言、文化和经历的影响。通过各种身体器官感知的结果，经过

① 杨从洲．跨文化视角下中国文化的英语教学模型研究 [D]. 北京：华北电力大学，2020.

大脑活动转换成概念或思想，这两个过程构成语言表达的第一阶段，即输入、内化阶段。要让对方知道自己的思想，还必须借助语言系统外化自己的感知结果和思想，这就是语言使用的外化、输出阶段。这一过程是将已经形成的概念和思想转换成能用的、外化的一个新的符号系统。这不是真正意义上的语言学习，在这种情况下，学习者学到的只是一套脱离了原来赖以生存的文化内容的符号系统，学习者只能用它来表达自己本族文化的一些思想内容，却无法将其作为与目标语言群体进行交流的工具，因为离开了该语言所反映的社会文化现实，这一新的符号系统就好像一个没有血肉的、僵化的躯干，失去了其原有的活力和价值。

英语学习的目的多种多样，但是就正规学校的英语教学而言，提高学生英语交际能力是一个共同的目标。英语交际能力的提高必然要求学生了解目标语言反映的文化意义系统，通过将目的文化与本族文化进行对比，调整和修改自己的认知图式与参考框架。只关注语言符号和语言形式，忽视语言使用中的文化内涵的教学显然是毫无意义的，英语教学应该与文化教学有机结合。

跨文化交际能力这一概念将跨文化交际学和英语教学二者联系起来，使两个原本独立的方面开始相互渗透、相互借鉴，英语交际能力作为跨文化交际能力的重要组成部分，逐渐受到跨文化培训人员的重视。文化与语言血肉相连，文化知识的学习和跨文化交际能力的培养理应成为英语教学家族中的成员。

2. 跨文化英语教学是英语教学发展的需要

英语教学是一门极其复杂的应用型学科，涉及学生的认知心理、教师的教育观念、社会的经济环境等诸多方面，因此英语教学理论的建立需要借鉴很多不同学科的研究成果。而且，由于英语教学的宗旨是为社会和学生的个人发展服务，培养社会发展所需要的人才，所以随着社会的飞速发展，英语教学工作者也应及时更新观念，调整教学大纲和教学方法，以跟上时代发展的步伐，这就是第三次社会化过程的基本含义，也是英语教学为提高学生综合素质所作出的贡献。

跨文化英语教学无论从语言与文化的关系和英语教学的需要来看，还是从社会发展的外部环境来看，都是十分必要的。一方面，文化作为英语教学的有机组成部分，为语言学习提供了真实而又丰富多彩的语境，使语言学习与真实的人和事物联系起来，从而激发了学生学习英语的积极性，提高了他们的学习热情，因此有利于促进英语语言教学、提高教学效果。另一方面，将语言教学与文化教学结合起来符合跨文化交际能力培养的需要，因为不学习目标语言，不通过交际实践、只通过媒体等渠道了解目标语文化，只能是一种间接的文化学习，学生不可能获取跨文化交际的亲身体验，因此很难在情感和行为层面达到跨文化交际能力的目标。在英语教学中进行跨文化培训可谓一箭双雕，既满足了语言学习的需要，又促进了跨文化交际能力的提高，从而充分发挥了英语教学的潜力。

到现在为止，我们的讨论还只停留在对跨文化英语教学的必要性和先进性的探讨上。理论说明固然重要，但是跨文化英语教学如何实施的问题则具有更实际的意义，如何在大纲和课堂教学中体现跨文化英语教学的思想是教师和学生更加关心的问题。

（二）跨文化英语教学——目标和内容

确定目标和标准是教学计划和教学实践的第一步。近年来，跨文化英语教学在欧美等国发展迅速，但跨文化英语教学这一术语的使用目前并不统一。这里所指的跨文化英语教学是指在吸收这些理论思想的基础上，将跨文化英语教学思想又向前推进了一步，形成了具有中国特色的跨文化英语教学框架的教学方法。确定教学目标、界定教学内容是这一框架的两个重要环节。

1. 跨文化英语教学的目标

跨文化英语教学的总体目标是提高学生的英语交际能力，培养学生的跨文化交际能力。跨文化英语教学是交际法英语教学的延伸和发展，如果说提高英语交际能力是交际法英语教学的最终目的，那么它只是跨文化英语教学的一个部分，是促进跨文化交际能力培养的一个重要手段。这并不意味着英语交际能力培养应该附属于跨文化交际能力的培养，或者是一个次要的教学目标。

实际上，在跨文化英语教学中，两个目标的实现同等重要。英语交际能力以目标语言和文化的学习为核心，以语言交际能力和阅读能力的提高为重点，是英语教学实用的语言文学目标。跨文化交际能力的培养作为英语教学的高级目标，是通过进行文化对比，增强跨文化意识，学习普遍文化知识，培养多视角的、灵活的、立体的思维能力和与不同文化群体进行交际的技能，来发挥英语教学对于学生个人素质和综合能力培养所形成的潜力，这是英语教学的社会人文目标。虽然在一定程度上，英语交际能力是跨文化交际能力的前提和基础，但是跨文化交际能力的培养过程同样可以促进英语交际能力的提高，因此它们之间是一种相辅相成、相互渗透、共同发展的关系。

对英语交际能力的研究经历了一个发展完善的过程，基本上已经形成了一套相对稳定、成熟的理论体系，这些理论在英语教学实践中得到了检验和充实。同样，跨文化交际能力作为跨文化交际研究的主要课题之一，也受到了许多研究者的重视。由此可见，跨文化交际能力在英语教学和跨文化交际两个学科领域之间所起的桥梁作用。尽管英语交际能力和跨文化交际能力都已在各自的领域得到了极其充分的研究，但是跨文化英语教学的目标和内容并非两者的简单相加。由于语言与文化教学的有机结合是跨文化英语教学的本质特征，因此一个相互渗透、融为一体的语言和文化教学框架才是教育工作者追求的目标。语言与文化的有机结合应该从确定教学目标开始，贯穿英语教学的其他环节和整个过程。

英语中用 goal、aims 和 objectives 等三个词来表达不同层次的教学目的。英语教学的目标，即 goals，这是对教学目的的一个总体、抽象的描述。只有对抽象的目标进行具体分析，才能将其转化成可供英语教育工作者教学设计的依据和参考，这些细化了的目标就是教学目的（aims）。与这些目的相伴而生的是衡量达到这些目的的标准（standards）。目的和标准的确定非常重要，一方面，它是对总体目标的细分，是总体目标实现的衡量标准；另一方面，它又是对教学具体实施的指导，是确定课堂教学目的（objectives）和教学活动的基础，同时也是教学评估和测试的基础。这种承上启下的作用决定跨文化英语教学要得到英语教学界的普遍认可，成为一个健全、合理和实用的英语教学法，必须要有明确的教学目的和标准。

教学目的和标准的确定基本上属于一种行政行为，一般是由行政教育机构发起，委托数名专家组成项目组进行调查研究，提交报告，最后再由教育部门审定和颁布，并监督实施。教学目的和标准的确定受社会文化和经济等客观环境的影响，虽然跨文化英语教学的本质特点适用于任何国家和地区，但是其教学目的和标准以及教学方法可能有所不同。同样，在我国的国情下，跨文化英语教学也应该具有自己的特色，不能一味模仿、全盘照搬其他国家的做法。

（1）知识层面

语言意识即知道语言的基本特点和功能，理解语言和语言使用与社会文化之间的关系；文化意识是知道文化的基本概念和特点，理解文化与语言之间的相互作用；目的文化知识包括了解目的文化的交际风格，了解目的文化的非语言交际特点，了解目的文化的社会习俗，了解目的文化的社会结构，了解目的文化的价值观念，了解目的文化的历史、地理和环境，了解目的文化的文学和艺术。

（2）能力层面

英语交际能力包括语言能力、非语言交际能力、社会文化能力、交际策略。跨文化交际能力指的是能够分析和观察文化现象，能够将目的文化和其他文化与本族文化进行比较，能够反思并更好地理解自己的民族文化和个人文化参考框架，能够接受文化差异，将文化差异与不同的价值、意义系统联系起来，能够根据交际场合和交际对象调整自己的言行，能够以跨文化的人的身份参与跨文化交际，做一个文化协调员，能够采用灵活的、多角度的立体思维方式，意识到不同文化没有优劣之分，只有异同的存在。以上跨文化英语教学的目标框架以培养学生英语交际能力和跨文化交际能力的总目标为宗旨，从知识和能力两个层面对教学目标和目的进行了描述，为教学内容的选择、教材的编写、教学方法的设计、教学测试和评估以及教师培训等环节提供了依据和参考。

2. 跨文化英语教学的内容

跨文化英语教学的目的包括知识、能力和态度三个层面，因此教学内容也应该全面考虑学生这三方面的需要。下面对所列出的教学内容进行分解。跨文化英语教学内容由四个模块构成：目标语言、目标语文化、其他文化和跨文化交际能力。目标语言和目标语文化这两块的内容与现行英语教学的内容基本吻合，通过这两方面内容的学习，学生能够掌握目标语言知识，并能使用该语言与目标语言群体进行有效交际，这就是英语交际能力。值得一提的是，在这两个模块中分别增加了“语言意识”和“文化意识”两项内容。将语言意识列入教学内容是希望学生通过学习目标语言，反思自己的母语，了解语言的普遍规律，尤其是了解语言与社会和文化之间的关系。同样，培养学生的文化意识是为了让他们了解文化的构成、文化的作用、文化的发展规律等文化相关知识，文化意识是跨文化意识和跨文化交际能力培养的基础。此外，文化交流作为目标语文化教学内容的组成部分，指的是学生本族文化和目标语文化之间的交流，即学生在学习目标语文化知识的同时，不断寻求机会，或由教师创造机会，去体验目标语文化，并且反思本族文化，将目标语文化与本族文化进行比较，以增强对文化差异的敏锐性，培养对目标语文化的移情态度。值得注意的是，文化交流与语言使用应该属于同一个内容范畴，因为它们通常是相伴而行、同时进行的，文化是交流的内容，语言是交流的手段。

英语教学内容的第三模块是其他文化的教学，这是跨文化英语教学不同于其他以文化为基础的英语教学的特点。如果说英语交际能力是以目标语言和目标语文化的掌握及应用为目的，那么跨文化交际能力则是一种以学习者母语和本族文化以及目标语和目标语文化的学习、交流、反思和体验为途径，同时兼顾学习和了解其他语言与文化的特点，进而超越各种具体文化束缚的一种灵活的交际能力，是以与来自世界各种不同文化背景的人们进行有效交际为目的的能力。如果英语教学完全排除其他文化的内容，势必会造成学生徘徊于本族文化和目标语文化之间，而忽略了其他文化的存在，这不利于培养学生的跨文化意识，也不利于实现跨文化人的培养目标。虽然英语教学由于时间和精力的限制，不可能让学习者同时全面学习和体验多种不同的文化系统，但是在一定程度上了解除本族文化和目标语文化之外的其他文化的特点是可行的，可以通过教学材料的选择和教学方法的设计来完成。

3. 跨文化英语教学大纲的特点

跨文化英语教学大纲的特点可以归纳为以下几点。

（1）文化与语言互为目的和手段，共同构成英语教学的基础内容

文化是语言存在和使用的环境，通过学习语言形式和语言使用中所蕴含的文化内容，使语言学习更加全面深入、真实生动。语言教学材料因为文化内容的全面渗透而被置于一个真实的、丰富多彩的文化环境之中，拉近了学习者与学习对象之间的距离，使学习个人化、自主化，有利于刺激学习者英语学习的积极性，促进英语交际能力的提高。从这个意义上来说，文化学习的目的是更好地学习语言，文化学习是语言学习的手段。这种观点得到了很多英语研究者和教师的认可，并在英语教学中广泛实施。然而，在跨文化英语教学中，这只是一个方面。

语言是对文化的反映，语言学习必然是文化学习。语言学习的目的是习得目标语言，掌握一个新的交际工具，它同时也是为了开阔眼界。学习者通过学习和使用目标语言，来学习和体验目的文化，并在此基础上接受跨文化培训，培养跨文化意识，获取跨文化交际能力。所以说，语言学习是文化学习的手段，而文化学习是语言学习的最终目的。

值得一提的是，母语和本族文化在这一教学过程中起着十分重要的作用。它们虽然不是教学的主要内容和目的，但是在培养语言意识和文化意识进行文化对比时，母语和本族文化的作用不可轻视。而且，根据跨文化英语教学的标准，反思并更好地理解自己的民族文化和个人的文化参考框架也是教学目的之一，因此

制定大纲时应该考虑这一点。

（2）文化教学与语言教学有机结合

这是对前一点的继续说明。处于同等重要地位的语言与文化内容的有机结合贯穿英语学习各个阶段（初级、中级和高级）、各个环节（英语教学计划、课堂教学和教学评估与测试等）和各门课程（听、说、读、写等）。虽然根据学习者的语言、文化和认知水平，在不同阶段语言和文化的学习会各有侧重，但是就英语教学整体来说，两者处于同等重要的地位。正因为两者天生不可分割的关系，它们在实际教学中也应该是你中有我、我中有你。当然，语言与文化在英语教学中的有机结合并非易事。教学内容的膨胀和不熟悉的教学要求通常会使缺乏经验的教学设计者和教师顾此失彼。这就要求大纲制定者、教材编写者和教师培训者等各路专家广泛合作，充分研究语言与文化在教学中结合的途径，将研究结果转换为实用性强的、操作性强的、系统化的大纲，以及教材和培训项目，给教师以足够的准备和实实在在的帮助。

跨文化英语教学的目标是通过大学，甚至持续到大学毕业后的英语教学和社会实践来实现的，这是一个连续的、一贯制的学习过程，在这个过程中有很多因素会对教学成果产生影响，其中各阶段教学目标的确定、课程设置、教学活动、教学方法、教学原则、教材、测试和教师等因素起着决定性的作用。

二、跨文化英语教学的原则与方法

（一）跨文化英语教学的原则

一般来说，教师是教学的主要执行者，是教学的主体，韩愈所说的“传道授业解惑”就是对教师主导作用的精辟描述。但是在跨文化英语教学中，教师的主体作用得到了不同的阐释，学习者的中心地位凸显出来，英语教学也因此呈现出不同的特点。这些特点集中表现为以下几条教学原则。

1. 以学习者为中心，以引导学习者进行自主学习为主要教学模式

学习者是教学过程的真正主体，教师的教学、教材的编写以及教学方法的设计和选择都必须围绕学生的实际需要进行。在跨文化英语教学中，不仅学习者的英语语言学习需要得到应有的重视，在整个教学过程中，他们对母语和本族文化的体验与理解、对目标语文化和其他文化的态度、个人综合素质的提高，包括立体思维方式的形成和跨文化交际能力的培养，甚至对整个人生的态度等，很多都

是与学习者的过去、现在和未来密切相关的主题，都是教学设计和教学活动需要考虑的因素。就教师而言，引导学习者进行自主学习是其主要任务，虽然知识的传授和规则的讲解仍然必不可少，但是教学的中心应该转向对学习者自主学习能力的培养。这一点对跨文化英语教学来说非常重要，一个原因是当今世界信息爆炸，知识不断更新，培养终身学习的思想和学习习惯、掌握独立学习的方法成为教育界普遍关注的一个趋势。另一个原因是跨文化英语教学的目标和内容相对于传统的英语教学而言扩大了无数倍，而教学时间基本不变，不可能有大幅度的增加，因此学习者在校期间有很多无法接触和学习的教学内容，教师只有通过“授之以渔”的方法，才能确保教学目标的最终实现。这也是将在学校学习之后的英语和文化学习也纳入整个教学体系的原因。

2. 语言教学与文化教学有机结合

语言和文化在跨文化教学中互为目的和手段。英语发展成为国际通用语的动因之一，是跨文化交际日益频繁，来自世界各地、各民族、各文化群体的人们需要这一通用语作为沟通和交流的媒介，因此英语学习的目的之一就是进行有效的跨文化交际。而且，由于英语语言学习本身涉及文化的学习，所以完全有理由说，英语语言的学习是文化学习的手段，文化学习和跨文化交际是英语学习的目的。反过来，文化学习为英语语言学习提供了丰富多彩、真实鲜活的素材和环境，大量文化材料引入英语教材和课堂，不仅使英语学习生趣盎然，而且是英语交际能力培养的重要保证。总之，跨文化英语教学包含语言教学和文化教学两个相辅相成、不可分割的方面。

所以，在教学设计和课堂教学中，语言教学和文化教学必须有机结合。这种结合体现在英语教学的各个阶段、各个环节。虽然根据学习者的认知水平和学习需要，在不同阶段和不同课程中，语言和文化各有侧重，但是在跨文化英语教学中没有单纯的语言课或文化课，只要具有这种意识，总能找到两者的结合点。

3. 从实用主题过渡到间接、抽象的意识形态领域

不同年龄层次的学习者在认知水平、情感发展、经历、经验上都有很大的差别，这些差别必然导致教学内容和教学方法的不同。一般情况下，对于年龄较小的学习者来说，与他们的生活和学习息息相关的、具有可比性的、具体的、直观的教学材料较为合适。随着学习者认知水平的发展、心理承受能力的增强和人生体验的增加，语言和文化教学内容的深度与广度逐渐扩大到一些间接的、

复杂的、需要进行抽象思维的意识形态领域。就文化教学而言，这种相关性和适合性的原则至关重要。跨文化交际能力的培养是一个漫长而复杂的过程，在这个过程中，学习者对母语和本族文化的理解与体验是学习过程中不可缺少的一部分，学习者在学习外国文化的同时，还一直处于一种自我认识、自我反省、自我批评、自我完善的状态之中，任何与他们的经历和认知能力相距甚远的教学内容和方法都将背离以“自我”与“他人”对照的文化学习原则。

（二）跨文化英语教学的常用方法

近年来，随着跨文化培训和英语教学的蓬勃发展，文化教学方法和文化与语言结合教学的方法层出不穷，下面介绍几种常用的文化教学方法，然后对如何在实际教学中将文化教学与语言教学有机结合进行探讨。

1. 文化教学的常用方法

文化教学方法大多是由跨文化培训专家通过实践，结合社会学、文化学、教育学和心理学的相关理论研究开发出来的。目前，广泛使用的方法归纳起来有以下几种。

（1）文化讲座

讲座作为传授知识的一种有效手段，对于文化教学来说也是必不可少的。跨文化交际能力的培养需要学习者了解和掌握相关文化知识，如文化的本质特点和功能、文化包含的内容和范畴、不同文化的价值观念和习俗规范等，这些都可以通过讲座的形式传授给学习者。不同文化主题构成一系列的文化知识讲座，有利于学习者进行系统文化知识的学习。但是文化讲座提供给学习者的大多是间接的经验，而且大量冗长的讲座通常会使学习者感到厌倦，所以我们在设计讲座时应该力求简明扼要、生动有趣，而且还要辅之以其他方法来强化讲授内容。

（2）关键事件

通过分析实际跨文化交际中发生的、具有典型代表意义的失败案例来说明跨文化交际中误解产生的原因，帮助学习者了解两种不同文化在某个方面的不同期望和表现。具体做法是，对来自不同文化背景的交际双方之间所产生的误解及情景进行描述，然后给出四个误解产生的原因，让学习者根据自己的理解进行选择，如果选错，就请他们再选，直至选对为止。这些案例通常来自真实的交际，对学习者来说非常有趣，而且这些案例具有代表性和启发意义，能够刺激学习者在阅读案例和选择答案时进行思考，有利于跨文化敏锐性的培养。

（3）模拟游戏

这是一种亲身体验式的活动，旨在挑战假想，扩大视野，促进能力的提高。学习者通过模拟游戏可以感受一些自己尚未经历过的情景，从中获取经验和认识，这对于文化学习者来说至关重要。

以上各种方法虽然以跨文化能力培养为主要目的，但是经过变通和再设计也可以与英语教学有机结合，成为跨文化英语教学的方法。

2. 文化教学与语言教学有机结合的方法

除了以上文化教学的各种方法之外，还可以在促进教师和学生改变教学观念的基础上，通过对传统英语教学方法和手段进行改革，开发出一些将文化教学与英语语言教学有机结合的方法。

（1）通过文学作品分析来进行文化教学

文学作品分析是语言教学的一个常用手段，中国很多英语教学活动都是通过分析和欣赏文学作品来进行的。文学作品蕴含丰富的文化内容，语言形式和文化内容在此得到完美结合，因此在文学作品分析的过程中同时进行语言教学和文化教学不仅是可能的，而且是必要的。实际上，传统的语言教学在分析文学作品时并没有避而不谈文化内容，只是教师没有将文化教学列入教学目标，文化内容的讲解服务于语言教学的需要，处于一个从属的、次要的地位。要改变这一现状，教师必须在确定教学目的和目标时，考虑文化教学的需要，使文化教学内容和语言教学内容并列成为教学关注的对象，可以利用语言和文化完美结合的优势进行教学，即利用文学作品进行跨文化英语教学。

（2）词汇教学与文化教学的结合

任何语言的词汇都承载着丰富的文化信息，每个词所包含的文化内涵都是任何词典无法穷尽的，如“早饭”一词在汉语、英语和法语中，不仅表达形式和发音不同，而且其文化所指也不尽相同。此外，不同语言中的词汇还反映说话者不同的价值观念。正因为词汇及词汇的使用具有浓厚的文化特点，教师在进行词汇教学时不能只停留在词汇的意思和用法上，还应该介绍词汇包含的文化内容，尤其是要呈现词汇在真实文化语境中具体使用的情况。就目前的英语教学而言，词汇教学中文化教学的潜力没有得到充分挖掘，教师通常呈现给学生的都是从词典下载的词义解释，很少能将词汇所蕴含的文化意义介绍给学生。另一个问题是学习者在学习生词时通常处于被动接受的状态，这就导致他们所学的词汇成为一组僵化的符号，无法在真实的交际活动中加以运用。

在对词汇的本意、比喻意义和文化内涵进行全面介绍的基础上，还应该将它们置于真实的文化语境中进行操练，让词汇知识转换成词汇的使用能力。例如，我们在教描写人物的形容词时，除了介绍词义之外，还可以选择一些来自本族文化或目标语文化的、真实的历史或当代人物，用这些形容词来进行描述；也可以让学习者用这些形容词来描述自己。这样做，学习者既可以学会这些描写形容词的词义，也能了解它们的文化内涵，还有机会接触来自不同文化背景的历史人物故事。显然，这种词汇教学方法将词汇教学与文化教学有机结合，不仅使词汇学习生动有趣，而且将文化学习落到实处。语义场的使用也是词汇教学与文化教学有机结合的一种手段。

（3）阅读教学与文化教学的结合

阅读教学被认为是最容易与文化教学联系起来的教学活动之一，因为只要我们选择那些包含文化内容的阅读材料即可实现语言教学与文化教学的有机结合。然而目前很多阅读教师并不能很好地利用阅读教学的这一优势进行有效的文化教学。或是因为受传统的以语言形式为中心的教学思想的影响，或是因为对目的文化知之甚少，阅读教师在致力于提高学生的阅读速度和阅读理解能力的同时，关注的是语音、语法、词汇、句型和翻译等语言学习的内容，在很大程度上忽视了阅读篇章中蕴含的文化信息，即使谈到相关文化的某些内容，通常也不是以增强学生的文化能力为目的，而是帮助他们更好地理解篇章本身。总之，英语阅读教学并没有将文化教学列入教学目标和内容，因此有关的文化讨论也不是真正意义上的文化教学。

要真正实现阅读教学与文化教学的有机结合，必须在确定教学目标和教学内容时考虑文化教学的需要，在实际教学中可以通过设计读前和读后任务，将学习者的注意力吸引到篇章内容上，进行相关文化的讨论和学习。例如，在阅读一篇关于美国饮食文化的英语文章前，教师可以提出一系列有关学习者本族文化中饮食习惯的问题，让他们进行读前热身，然后建议他们在阅读文章时注意美国饮食文化与自己的饮食习惯的异同，读完文章后，学生在回答有关美国饮食文化的相关问题的同时，进行文化对比。教师对语言点的解释可以插入讨论中，也可以在这些文化教学活动结束之后，但不能让语言形式的学习压倒篇章内容的理解和对文化内容的讨论。

语言与文化在教学中有机结合的方法不仅限于以上，随着跨文化英语教学思想的不断深入人心，相信更多更好的方法将会被开发和应用。然而，在此必须强调教师和学生转变教学观念的重要性，要真正做到语言教学和文化教学的有机结合，教师和学生必须认识到英语教学应该承担的双重任务：既要促进学习者英语交际能力的提高，又要帮助他们培养人文素质，形成立体多维的思维方式，成为跨文化的人。只有在这一前提下，我们才能确保跨文化英语教学思想得到有效的贯彻和实施。

三、跨文化英语教学中的教师与学生

（一）英语教师与文化教学

在英语教学中进行文化教学已经有很长的历史，文化教学对于英语教师来说并不陌生，他们或是因为自己的认识和感悟，或是迫于教学大纲等外部环境的要求和规定，都有意无意地以不同方式从事着文化的教学活动。然而，即使在文化已在大纲中被明确确定为英语教学的内容和目标之一的国家和地区，文化教学的现状也令人担忧，其他国家和地区的状况就更不用说。这种担忧主要体现在教师对文化教学的态度、理解和实践等都无法满足跨文化英语教学的需要上。来自不同国家和地区的一系列调查研究报告有力地证明了这一点。

大多数调查都发现了这样一个有趣的现象：很多英语教师对文化教学的理解和认识与他们实际的教学有很大的不同。他们对文化教学表示强烈的支持，而且也认识到文化教学有很多好处，愿意采用各种手段和材料进行文化教学，但是在实际教学中，他们却似乎完全抛弃了这些认识和理解，仍然按照传统的教学观念和教学方式进行语言教学。

（二）跨文化英语教学对教师的要求

跨文化英语教学的目标是在提高学生英语交际能力的同时，培养他们的跨文化意识和跨文化交际能力，进而培养他们多视角、立体的思维能力和综合素质。其基本特点是充分挖掘英语教学的文化教学功能，将英语教学与文化教学有机结合、融为一体。显然，这样扩大了的教学目标和教学内容对教师提出了新的要求和挑战。一般来说，英语教师除了具备良好的英语语言功底之外，还应该掌握三个方面的知识和能力：英语学习理论、英语教学法、课堂教学实践。

英语学习理论是关于英语学习的本质、过程和规律，是指导教师进行教学的理论基础。英语教学法知识帮助教师理解教学目的和内容、了解各种教学方法的优劣，是理论学习和课堂实践之间的桥梁。课堂教学实践则是对教师具体教学活动安排和实际课堂组织能力等方面的要求。

由于跨文化英语教学增加了文化教学层面，强调跨文化意识和跨文化交际能力培养，所以以上对英语教师的要求显然不够。除了这些条件之外，跨文化英语教学要求教师还应具备其他教学素质，下文就从知识、能力和态度三个方面来逐一阐释。

1. 知识层面

从知识层面上来说，教师应该掌握普遍文化知识，即文化的基本概念构成特点及其对社会和个人的作用；掌握一定的具体文化知识，即了解目标语文化、本族文化和其他文化群体的特点与彼此之间的异同；理解语言与文化和社会之间的相互作用，特别是目标语言在不同社会文化背景中的使用情况；理解跨文化交际能力的概念和意义，了解导致跨文化交际困难和失败的因素。

2. 能力层面

就能力而言，英语教师应该做到：在课堂和课外其他跨文化交际场合，用目标语言进行恰当有效的交际；合理利用教材和其他真实的语言文化材料，引导学生关注文化内容，刺激他们对文化问题的思考；善于设计和组织课堂活动，将学生自己的文化体验与教学内容结合起来，创造更多体验式的学习机会；采用多种不同的文化教学方法和手段，全面、深入地传授文化知识，培养文化能力；将英语教学与文化教学有机结合，通过教学材料的选用、教学活动的设计有意识地引导学生既注意语言能力的提高，又关注文化能力的培养；以培养能力为主，引导学生摸索学习方法，掌握独立学习的能力，促进学生自主学习。

3. 态度层面

从态度层面来说，英语教师应该具备这样的素质：敢于面对挑战，尝试新的教学思路和方法；愿意像学生一样，不断学习和探索外国文化，反思本族文化和自己的文化参考框架及言行；愿意与学生分享自己的学习体验和跨文化交际体验，即便是失败的经历；尊重学生，对不同文化行为和思想不妄加评判，永远保持一种宽容、理解和移情的态度。

（三）文化教学培训

培养一名合格的英语教师并非易事，他（她）不仅需要具备良好的语言功底和交际能力，而且还要懂得学生的认知心理、情感特征和教学规律，同时最好具有丰富的教学经验。这一切不可能在短短的几天、几周或几个月内完成。实际上，一名教师的培养过程从他（她）学习英语的第一天就开始了，经过学校教育的不同阶段，一直持续到他（她）走上讲台前的业务培训，甚至还延续到上岗后教学经验的积累和各种在岗培训。就基础教育对教师培养的作用来说，稍加反思就会意识到教师目前采用的教学模式和方法或多或少受到了以前他们自己的英语老师的影响。英语教学之所以长期以来一直无法摆脱以语法和词汇为中心的传统教学方法，在一定程度上是因为这种方法代代相传，从一开始就被教师根深蒂固地植于学习者的脑海里。由此看来，基础教育是培养合格教师的关键，必须从现在开始让学生接触新的教学思想和教学方法，同时鼓励他们不断创新，只有这样才能改变因循守旧的陋习，为他们日后成为教师接受新观念、探索新方法打好基础。

1. 培训目的和内容

由于培训可分为岗前培训和在岗培训、教学方法培训和教材使用培训、短期培训和长期培训等多种不同类型和不同内容的培训，所以我们不能指望教师经过某一次培训就能完全掌握教学要领，对教师的培训应该定期、有系统地进行。培训不是针对某一具体的教学环境和教师群体，而是以文化教学为主要考虑因素。

2. 教师文化教学培训的方法

（1）文化意识和文化教学意识的培训

文化教学培训的一个根本特点就是“使隐含的东西明确化”。这就是说，文化、文化差异以及英语教学的文化教学潜力都已经客观存在，现在最重要的是让教师意识到它们的存在和作用，即要提高教师的文化敏锐性和文化教学的意识。在这样的敏锐性和意识的基础上，教师的文化知识积累和文化能力以及文化教学能力的提高就会突飞猛进。

（2）文化知识的培训

就文化概念和知识的学习而言，文化人类学提供了最为全面、科学的阐述，理应成为英语教师培训的一门必修课。文化人类学是一门历史悠久、理论基础雄厚的社会科学，无论是在文化理论研究、具体文化的描述上，还是在文化研究的方法上都已形成了较为完善的体系，是英语教师获取相关文化知识的可靠来源。当然，英语教师学习文化人类学不是为了成为人类学家，因此也就没有必要穷尽其所有的内容，只需利用文化人类学的部分研究成果，以获取对文化相关概念更清楚的理解，对相关文化群体更全面、深入的了解，同时借鉴其中的一些文化研究和探索的方法。对文化人类学研究成果的筛选和利用应该由来自不同领域的专家如英语教学研究者、文化学家、跨文化交际研究者、教师培训专家等合作完成，综合各方的意见，选择那些教师需要掌握的理论和信息作为培训的内容。

（3）文化能力的培训

相对而言，文化能力的培训比文化意识和文化知识的培训更为复杂和困难，因为它不仅涉及教师的认知心理，更与他们的情感和行为有关。这里所说的文化能力包括教师的跨文化交际能力和文化学习的探索能力。

3. 反思教学和课堂教学研究

近年来，反思教学和课堂教学研究成为英语教学和教师培训研究文献中出现频率较高的术语，它们作为教师培训和教师自我发展的方法已经受到越来越多教学研究者和教师的重视。对跨文化英语教学来说，课堂教学研究的作用更不可低估。

课堂教学研究也是促进教师教学水平提高和教学效果改善的一种方法。华莱士将其定义为“为了改善教学的某一领域而进行的系统的资料收集和分析活动”。教师针对自己教学中遇到的问题，利用自己掌握的教学理论知识，根据自己的经验，通过自己的努力，寻找解决问题的方法，在此过程中记录自己的体验，反思自己的态度和做法，并与其他同行进行交流。

由于这样的教学研究与教师的教学实践联系紧密，因而具有很大的实用价值。对于接受岗前培训的教师来说，进行课堂教学研究培训有利于他们培养教学反思和课堂教学研究的意识，掌握反思教学和课堂教学研究的方法，从而使他们获取一套不断提高业务水平的、灵活高效的方法，增强他们对今后教学工作的信心。一旦他们正式走上讲台，在学校及教育管理者的支持和帮助下，他们就可以充分利用课堂教学研究和教学反思来提高自己教学的效果，同时也能促进其所在区域整体教学水平的提高。所以，课堂教学研究应该成为教师培训的一项重要内容。

第二节　高校英语教学中跨文化交际能力的培养

一、跨文化交际能力的培养

（一）跨文化交际能力的界定

在过去的几十年间，学者们对跨文化交际能力从不同方面给出了自己的解释。陈国明将跨文化交际能力定义为“在特定环境中有效得体地完成交际行为以获得预期回应的能力”。胡文仲则指出，尽管不同学者对跨文化交际能力所包含的要素观点不一，但从他们所列的要素中可归纳出共同的部分，即认知、感情（态度）和行为。[①]

而促进跨文化交际的途径就是减少交际中的不确定性。跨文化交际能力是个体所具有的内在能力，是能够处理跨文化交际中的有关文化差异、文化陌生感及心理不适的能力。对跨文化交际能力的界定更加强调“跨文化能力”，即处理文化差异的能力，没有涉及交际行为的过程是否得体和交际结果是否有效。

学者们对跨文化交际能力的界定虽然角度不同，但存在一定共性，即交际场景的跨文化性、交际行为的得体有效性。语境是交际发生的环境、场景或场合，交际要在一定的场景中进行。交际者的社会角色、交际角色和交际目的直接影响交际行为，不同文化背景的交际对象对行为模式、行为规范、社会角色有不同的认知。对对方在某一场景中的交际行为期待不同，对交际行为是否得体也有不同的判定。由于交际对象的交际行为与自身交际行为规范不符，从而产生厌恶的情绪；交际知识的缺乏和负面情绪的影响从行为上表现出来，就会导致跨文化交际失败。通过梳理，这里认为跨文化交际能力即在跨文化交际语境中，交际者得体、有效地实施交际行为的能力。

（二）跨文化交际能力的内容

各学派对跨文化交际能力应包含的内容这一问题观点并不统一。语言学界一般认为，其内容包括语言能力和社会文化能力。语言能力包括词汇、语法、语音

① 王悦．英语专业硕士跨文化交际能力调查研究 [D]. 长春：吉林大学，2021.

系统等，各家观点基本一致。社会文化能力由处事能力、沟通能力、知识体系和运用能力构成。这里的处事能力主要指交际主体与来自其他文化的交际对象沟通时，能够放弃有失偏颇的态度和情感的能力。知识体系指的是文化参照体系，例如经济、习俗、礼仪等。运用能力指整合处事能力、沟通能力和知识体系的能力。

跨文化交际学认为，跨文化交际能力包括基本交际能力系统（语言和非语言行为能力、文化能力、相互交往能力和认知能力）、情感和关系能力系统、情节能力系统、策略能力系统。

跨文化交际能力要视情况而定，由于同一行为在不同文化语境中的意义不同，有跨文化交际能力的人的行为一定会得体、有效，跨文化交际能力需要足够的知识、合适的动机和交际技巧。在此基础上，他们提出跨文化交际能力的基本要素：表达尊重的能力，包括以言语和非言语形式表达尊重的能力，但需要注意的是不同文化背景对尊重的要求不同；知识定位能力，是人们用来解释和定义自身和身外世界知识的能力，个性化的解释是有定位能力的表现；关系角色行为能力，是指主体能够与其他人保持和建立关系的能力；对含混的宽容能力，是指主体对新的、不确定的、不可预知的跨文化冲突的宽容能力；描写、解释和评价能力，是指对所观察的事物进行客观描述的能力、作出解释和赋予意义的能力以及在解释中作出评价的能力。

综上所述，人们对跨文化交际能力内容的表述虽不尽相同，但大多都涉及语言、认知、情感和行为等方面的能力。

二、高校英语教学中跨文化交际能力的培养

（一）提高跨文化交际能力的途径

通过综述跨文化交际能力的构成，我们知道跨文化交际能力包括认知、情感和行为三方面的能力。认知能力可以通过学习知识来提高，情感方面，无论是交际动机还是交际态度，也需要认知或知识来促进，这两方面的能力最终要靠行为技巧来体现。

1. 认识自我

“认识自我”是雕刻在阿波罗神庙廊柱上的古希腊格言，据传出自苏格拉底。发出信息的信息源容易倾向于交际对象的反应和信息，而忽视自身的认知、风格、情感、态度等因素，认识自我要求个体了解自身的文化、个人态度和交际

风格。

（1）了解自身文化

文化是人们的行为指南，人们倾向于用自己本民族的价值观、社会规范和行为模式衡量他人的行为，因此了解自身文化的特点及其优点和缺点，可以帮助人们克服个人狭隘倾向，提高跨文化交际能力。

（2）了解自己的情感态度

处事态度通常决定交际质量，人们在与他人沟通之前，通常会有一种由预先印象或定式带来的情感态度。这些交际前的态度给交际者戴上有色眼镜，使其不能如实描述看到的客观现象，容易产生误解。如果交际者能够事先意识到这一点，就能在一定程度上克服先入为主的消极情绪，减少负面情绪对交际的影响。

（3）了解自己的交际风格

交际风格指交际者在交际中喜欢哪类话题，喜欢何种交际形式，如仪式化的形式、巧妙对答的形式、辩论形式等，交际者希望交际对象参与的程度，交际者喜欢的交际渠道，如言语、非言语等以及交际者赋予信息的实际内容和情感内容的多少等。人们在交往中了解对方的交际风格，却很少注意自己的交际风格。如果在交往中你认为自己是一个开放型的人，而你的交际对象却感觉你是内向型的交际风格，那么出现交际问题的可能性就比较大。

2. 考虑物理环境因素和人为环境因素

（1）时间概念

交际能力较强的交际者知道时间概念的重要性，知道在何时谈论某一话题。单一时间取向文化，如在美国，人们做事讲究效率，谈判或者交际风格较为直接，要求严格遵守约会时间，迟到的一方要向他人表示歉意。在多向时间取向文化中，人们不严格遵守约会时间，在约会之前应该向主人确认一下时间安排。了解交际者相关的文化时间概念有助于提高交际效率和效果。

（2）物理环境

文化定义交际，不同文化在不同语境中的交际规则大相径庭。例如，了解非言语交际中的时空语可以帮助交际者预测目标语文化中自己所处环境的交际要求，从而使举止更加得体。

（3）习俗

一个民族的文化习俗反映人们的价值观念和行为模式，适应当地文化的习俗和传统是一种跨文化交际能力。一种文化中的简单习俗对于不知情的人来说都会很难把握。在出国之前，了解一些当地习俗的基本常识有助于更快地适应陌生环境。

3. 掌握不同的交流方式

到一个陌生文化中生活或者工作，或与拥有其他文化背景的人进行交际，需要交际者掌握该种文化的信息系统，包括言语和非言语交流方式。

（1）学习语言

语言是重要的交际工具，熟练使用对方文化的语言是体会该文化的途径、学习该文化的工具，是跨文化交际能力的重要方面。当然，就语言种类而言，我们不可能全都学会，但我们可以学习要前往地的语言，或者当前世界上通用的语言。在大多数国家，英语都作为学校教育中主要的外国语，以英语为第二语言的人数较多。英语也是国际会议、商务往来的官方语言和通用语言。因此，不知道自己将来是否出国的人可以选择学习英语。但英语的普及并非意味着说英语的人一定以英语为母语，所以只学习英国或者美国文化是不够的，要学习一些泛文化的知识。

（2）认识语言和文化的关系

语言承载文化信息、反映文化传统，习语和谚语就是这样。据估计，以英语为母语的人经常使用的习语超过一万五千多条，英语习语的特点是字面意思不是习语本身的意思，了解习语的文化含义才可能理解并正确使用习语。交际者的教育背景和成长环境也是影响其用词及其词义的因素，以英语为第二语言的交际者在学习英语、使用英语时要留意这一点。

（3）非言语交际系统

人们在交际时除使用言语符号外，还伴随大量的非言语交际符号，如目光、体态、味道等。而这些符号在不同文化中意义不同，误用或误解非言语交际符号的意思会引起误会和矛盾，跨文化交际者应该掌握目标文化中非言语交际符号的含义，并练习正确地使用和解读非言语符号的意义。

（二）跨文化培训的冲突调适

跨文化培训是跨文化交际学形成的土壤，又是跨文化交际学研究的主要内容和目的之一，它是一项高度专业化的教学形式，目的是帮助人们在异国他乡，在陌生的环境中，高效地工作、愉快地生活、与来自不同文化的人们友好地相处。为了满足跨文化体验对于学习者的要求，跨文化培训的专业人士在理论研究、课程开发和教学方法设计上下了很大的功夫，大大丰富了跨文化交际学的内容，促进了跨文化培训的实践探索。

跨文化培训在很大程度上取决于对培训对象、文化调适过程、跨文化培训本质、跨文化交际环境和培训方法等问题的理解和研究。

跨文化培训的目标基本上是将自己的本族文化身份转变为目标语文化身份。值得一提的是，再大的动力驱使都不可能使一个来自不同文化的移民完全被主流文化同化，很多移民有意或无意地保持着一定的本族文化的身份特点，以满足内心深处的精神需要。

跨文化培训的另一目标适用于大量需要旅居国外的学生、外交官、商务管理人员和军人。他们对跨文化培训的要求具体实用，希望在保持自己本族文化身份的同时，学习目标语文化，了解两种文化的异同，增强在目的文化中的交际能力，以便更快更好地适应新环境，为自己的学习、工作和生活打好基础，对于他们来说，培训的理想结果就是成为双重文化身份的人。

三、跨文化交际意识的培养

20 世纪中叶以来，越来越多的英语教学和研究人员意识到了将语言教学与文化教学有机结合的重要性和必要性。在第二语言教学中培养学生的跨文化交际能力，要求英语教师必须寓文化教学于语言教学之中，在传授英语语法规则和句型操练的同时，还要重视对目标语文化背景的教学并采取相应对策培养学生的文化意识。

（一）英语课堂中进行文化教学的必要性

语言与文化密不可分，事实上，我们一直在讨论的文化与语言之间的关系使得文化本身成为任何第二语言学习课程中必不可少的一部分，正如兰格认为的那样，学习某种语言而不去了解其文化只不过是一种无谓的尝试。简言之，对大多数学生来说，这样的学习只会变得枯燥无味，这样的学习只会退步为词汇和句式的学习；对许多学生来说，尤其是对于那些出于融入目标语文化动机而学习的学生来说，能够赋予语言以生命力的恰恰就是文化学习。

对于第二语言学习者个人而言，不断深化对文化的理解能够增强其个人学习语言和文化的兴趣。通常情况下，英语学习者懂得越多，他们想要了解得就越多。

从更为广泛的意义上来讲，文化习得是维护世界和平、保障经济合作的迫切需要。对于某些民族成员生活方式的了解，有益于我们了解世界上互不相同的价值观体系。就像一个联合国大会的缩影一样，跨文化交际的课堂强调文化间的相互理解与包容，身处其中，学习者会了解到不同的文化呈现出的不同发展态势和特点，只有学会理解并接受不同文化的特点以及不同文化中人们不同的行为模式，我们才有可能恰当地处理好不同地域、国家和种族人群之间的关系，促进相互之间的交流。

（二）文化意识形成的不同阶段

在习得目标语文化的过程中，学习者从起初的持有文化定式到最终达到真正的移情，需要经历文化意识形成的不同阶段。事实上，由于文化学习者个体存在差异，其最终所能达到的层次也不尽相同。

事实、定式和不足在第一层次上，学习者感受到的文化信息，包括学习者认为的目标语文化事实、对目标语文化及其中的人群持有的文化定式和学习者所认为的目标语文化具有的“不足”。这些文化定式在不同程度上，都会对学习者真正了解目标语文化产生阻碍。

浅显的理解在第二层次上，第二语言学习者会发现更多有关目标语文化的细微特点并且有时可能会感觉到失望或沮丧。在这一时期，学习者对自己观察到的事物只表现出浅显的理解，而非深入的理解。

深入的理解在第三层次上，第二语言学习者开始从文化载体本身的参考框架的角度来理解文化现象。这一层次包括学习者对文化深入的理解和对文化接受的程度。这一层次的学生开始掌握能够与目标语文化礼貌传统相结合的主观防御机制，进而能够理解来自目标语文化的人传递给他们的某些混杂的信息。

（三）文化教学的课堂活动

对于目标语文化的学习并不是简单的理论堆砌，否则只会使学生逐渐丧失学习目标语及其文化的兴趣，跨文化交际意识的培养也就无从谈起。事实上，学习目标语文化除了通过丰富学生理论知识的方法之外，还要从具体的课堂教学环节设计入手，通过生动的跨文化交际课堂活动，让学生真正地去了解和体会目标语文化以及目标语文化当中人们的行为模式，这样学生的跨文化交际能力才会有真正意义上的提高，跨文化交际课程的设置才真正具有意义。

第三节　高校英语教学中的跨文化传播

一、进行跨文化传播教学的原因及目的

了解文化知识是学习语言知识的关键，不懂得文化的模式和准则就不可能真正学习语言，不掌握文化背景就不能教好语言。语言是文化的载体，又是文化的一个重要组成部分。然而语言受文化的深刻影响，又反映了某种文化的独特之处。离开了特定文化背景的语言是不存在的，如果不了解目标语的文化，我们就很难理解某些词语项目的意义。

文化知识的教学是达到语言教学目标的关键。发展交际能力是语言教学的主要目标。语言能力是交流能力的基础，然而具备了语言能力并不意味着具备了交流能力。越来越多的人已达成共识，即交流能力应包括五个方面：四种技能（听、说、读、写）加上社会能力（和不同文化背景的人们进行适当的交流的能力）。我们必须明白语言能力和语用能力在社会生活中是相辅相成的，明白文化知识是组成交流能力的一个重要方面，是达到语言教学目标的重要教学内容。

一般认为，成功的跨文化交流，应当既有很好的听、说、读、写能力，还要有跨文化交际能力，共包括以下五个方面的能力：①语言能力，指较好地掌握母语和英语的语言知识，如语音、语法和词汇；②知识结构，指常识性的知识；③策略能力，指有良好的心理素质并能在各种交际场合运用语言和非语言技能应对与修复交流渠道；④使用能力，指适时地使用各种语言形式的能力；⑤行为能力，指一个人运用英语与异域文化人交流时所表现出的合适的语言和非语言行为。

目前我国学生以英语为普及英语，我们在过去的英语教学中，把训练学生的听、说、读、写作为首要目标，极少考虑语言的文化内涵和使用环境。传统的英语教学长期以来固守一个模式，即片面强调语言能力，围绕书本讲语法、背句型，而不太注重语言环境的教学，这是学生在真正的跨文化交流中发生语用错误的症结所在。近些年来，这种情况有所改变。许多英语教师认识到在语言使用

时，除了结构规则，即语音、词汇和语法等起作用外，还有一种规则——使用规则，也在起作用。为增强学生在英语学习中的综合素质，真正达到英语学习的目的，进行跨文化传播教学是十分必要的。跨文化传播教学的基本目的有以下三个方面：第一，培养学生对不同文化的积极理解的态度。文化是有差异的，通过发现对方的不同点，反过来加深对我们自身文化的理解，从而做到客观地把握各自的文化特性。在理性分析的过程中了解异域文化中重要而细微的特点，并接受与自身文化的差异。第二，培养跨文化接触时的适应能力。初次与不同的文化接触时，往往会受到文化冲击，从而产生某种不适应。要使交际得以继续下去，必须设法减缓冲击，提高适应能力。第三，培养跨文化交际的技能。随着对外开放的进一步扩大，走出国门或留在国内参与跨文化交流的人越来越多，他们都需要学习，掌握与不同文化背景的人打交道时的实际技能，掌握跨文化交际技能，以适应国际化社会的需要。①

二、英语跨文化传播教学的理论基础

（一）认知建构主义理论

建构主义也称为结构主义，由瑞士学者让·皮亚杰最早提出来。皮亚杰认为，智慧本质上是一种对环境的适应，智慧的适应是一种能动的适应。一定的刺激只有被主体同化于认知结构之中，主体才能作出反应。

在皮亚杰的理论基础上发展而来的认知建构主义学习理论认为：知识不是通过教师传授得到的，而是通过学习者在一定的情境下，借助其他帮助，利用学习资源，通过意义建构的方式获得的，教师只是活动中的指导者与参与者。

建构主义学习理论的基本观点包括三点：第一，学习是一个有意义的过程，知识的获得是学习个体与外部环境交互作用的结果。第二，学习是一个协商活动的过程，由于每一个学习者都有自己的认知结构，对外部世界的理解局限于自己的经验解释，因而不同的学习者对知识的理解不完全一样，从而导致有的学习者在学习中所获得的信息与真实世界不吻合。此时，只有通过社会“协商”和时间的磨合才可能达成共识。第三，学习是一种真实情境的体验，在真实世界的情境中学习，会使学习变得更为有效。学习的目的不仅仅是要让学生懂得

① 刘馨椁．探究跨文化传播下的大学英语教学有效模式 [J]. 英语广场，2020（24）：33-35.

某些知识，而且还要让学生能真正运用所学知识去解决现实世界中的问题。在一些真实的情境中，学习者如何运用自身的知识结构解决实际问题，是衡量学习是否成功的关键。学者认为，对同一内容的学习，要在不同的时间多次进行，每次的情境都是经过改组的，而且目的不同，分别着眼于问题的不同侧面。这种学习有利于学习者对概念形成多角度的理解。

学生对知识的构建是受社会性相互作用影响的。学生之间的相互交流，会影响学生对知识的构建。每个人的已有经验和学习情境不同，对知识的理解存在一定的差异。这就是说，学生对同一知识的理解是多元的。相互交流能促使每个学生从多个角度来建构知识。在英语教学的过程中，教师进行跨文化的传播，学生可以通过对不同语言和文化的吸收来构建自己的知识体系、文化体系和价值体系，并通过不同真实情境的模拟教学来掌握正确应用英语的能力。

（二）探究式学习理念

探究式学习有时也被人们称为“问题导向式学习”，因此“问题”通常被视为探究式学习的核心。21 世纪，世界各国教育改革的重点在于使本国的学生具备“关键能力”，关键能力主要包括获取和处理信息的能力、主动探究的能力、分析问题和解决问题的能力、与人合作的能力、具有责任感以及终身学习的能力。美国相关文献对探究的表述：“科学探究指的是学生构建知识、形成科学观念、领悟科学研究方法的各种活动。”学生主动探究的学习活动，是一种学习的理念、策略和方法，它适用于各学科的学习，要求教师在教学过程中以问题为载体，创设分析问题和解决问题的情景与途径，让学生通过探究主动获得知识并运用知识。

在跨文化传播的英语教学中，探究式学习理念就表现为学生获得他国文化信息并处理这种信息的能力，在探究中学会如何应用所获得的信息来正确地处理自己面临的问题，尽力消除跨文化交流中的文化障碍。

（三）人本主义理论

现代教育论认为：教育的真正意义在于发现人的价值，发挥人的潜力，发展人的个性。人本主义教学理论就突出了这一概念。它主要从心理学的角度来探讨英语教学，人本教学法的核心是对学习过程中完整的人的充分尊重与重视。

人本教学法着重于教学过程。人本教学法认为，关注过程就要从学生的角度考虑课程或大纲内容是如何被传授和学习的，考虑怎样把学习内容与学生的生活直接联系起来，大力倡导教育的中心要从教转变为学。教师的任务不是决定学生应该学什么，而是去发现并营造一种有利于学生自由学习和成长的氛围。人本教学法主张以学生为中心，注重情感因素。这种理论尤其适合网络环境下的英语教学。在网络中，教师所起的作用是引导学生选择适合自己的语言文化的学习方式和素材，充分尊重学生的自主权，变填鸭式教学为主动选择教学，激发学生的学习兴趣。

三、跨文化传播中的网络英语教学

随着多媒体计算机和网络的迅速发展与普及，英语阅读和写作方式、英语翻译和交流方式、英语学习和教学方式正在经历着一场历史性的变革。这场变革将使教育模式从印刷时代走向信息时代，创造一系列全新的教学形式，将语言教学与文化教学有机地结合起来，充分利用网络，用现代化的教学手段培养学生从跨文化交流的角度使用语言的能力。英语教学将从传统意义上的单纯传授语言知识扩展到跨文化传播，其教学目的转化为培养学生的跨文化交际能力，实现跨文化交流，满足跨文化传播的需要。除了传统的口头和书本英语外，网络环境下的英语出现了新的特征，那就是实效性和异化性。网络为人们了解和学习西方文化社会提供了非常便利的窗口。英语教师可以利用互联网与世界同行交流，了解国际英语教学发展动向，共享新的教学资料和科研成果，同时引导学生通过互联网参与国际交流，查询各种学习资料和信息，更好地促进语言学习。网络拥有最前沿的信息，更新的速度非常快，英语中新的表达方式、新的词汇以及旧词汇的新意义一旦出现，就会在网络上迅速流传。我们的英语教学长期以来采用的是印刷教材，更新的速度远远跟不上时代的变迁。因此，网络环境下的英语跨文化传播教学也是英语教学的一个重要方面。

（一）网络英语的跨文化传播

在教授学生的过程中，即使是专门开设的文化教学也不可能涉及各个方面，英语课堂的文化传播主要给学生起示范引路作用。文化的内容包罗万象，单靠教师在课堂上的介绍不可能全面。文化的学习不应只限于课内，课堂外的文化教学是一个很好的延续和补充，它能使学习者经历一个从量变到质变的过程。网络英语具有极强的实效性，网络对于文化的反应非常快，新事物和新情况一旦出现，传播最快最广的必然是网络。由于网络的开放性，各种风俗时尚和社会热点总会以最快的速度在网络中得到体现。开放性保证了网络各种文化的新陈代谢，给了网络无限的生机和活力，网络上的英语异化情况更为突出。如果我们不了解现代文化，不了解网络英语出现的背景，我们就不能理解这种英语所要传播的信息。在网络中，大量的口语化英语登上了英文网页，口语不断侵入书面语，学过英语的人都知道，英语有正式、非正式、书面语、口语、方言、俚语之分，然而如今它们之间相互渗透的现象越来越普遍。

（二）网络环境下的英语教学

计算机网络已经迅速发展成了一个世界性的信息资源网络。无论哪种教材的更新速度都赶不上网络的与时俱进，无论哪种异化英语的传播方式都比不上网络流传的范围广泛，无论哪种文化跨越都没有网络文化的多样性和复杂性。

1. 网络环境下英语教学的优点

（1）优化英语课堂教学结构

优化英语课堂教学结构，有利于调动学生多种感官、情感参与教学过程，提高学生的注意力，使英语教学更生动活泼，教学效果更佳。在网络环境下，我们的英语教师不再需要吃力地翻看字典编写教案，借助 App 软件能非常轻松地查找英文单词，自动给出发音、中英文对照的例句、同义词、反义词；国际互联网上还包含众多的英语教学网站和丰富的英语教学资料；在进行文化教学时，网络上更是资源众多，几乎所有的文化现象都可以在网上找到，只要使用网络搜索工具就可以很轻松地把资料找出来，网络环境下的英语教学使知识的传播和更新同时进行。

（2）网络的互动性是英语教学的最大便利

网络聊天工具能把世界各地人们的空间距离拉近，从而使学生能通过电脑与外国人面对面地练习英语对话，感受地道的英语氛围，解决学生多而外教少的矛盾；教师也可以通过网络和每一个学生进行交流，可以帮助学生挑选适合他自己的英语学习资料和方式，以适应每个学生的学习进度和学习特点。

（3）网络英语教育素材丰富，其中不乏对学生来说生动有趣的资料

学生可以挑选他们感兴趣的东西，变被动学习为主动学习，不断增长文化知识。网络可以把世界联系在一起，拉近人与人、文化与文化之间的距离，允许英语学习者漫游网上英语世界，甚至通过网络参与其他国家的英语文化交流活动，

从而感受真实的语言环境，获得真实的文化素材，并培养在真实的语言环境下应用语言的能力。这是其他任何课堂都无法比拟的优势。

2. 网络环境下英语教学的缺点

网络环境下的英语教学有优点，也不可避免地有缺点。

（1）弱化主流文化的影响

任何信息都可以在网络上得到广泛传播，一些不良思潮很容易扎根。

（2）网络交流的热衷化和现实交流的冷漠化

网络内容的选择具有很大的主动性，这会使得学生更愿意在网上进行交流，而不愿意在现实生活中进行不能完全由自己把握和控制的人际交往。这种行为最大的弊端是可能会弱化学生的口语能力，并导致英语语法发生混乱。我们在多年的英语教学中一直注重语法教学，但是网络英语为了迎合网络交流快捷、便利的特点，常会出现一些不规范的英语，这会使学生对英语语法系统产生怀疑。

3. 网络环境下英语教学需注意的问题

要解决网络环境下英语教学的缺点问题绝不是某一节课就可以做到的，但我们可以注意以下几点：①在利用网络资料制定教学方案时，教师应注意选择教学材料，尽量使教学内容利于学生文化素养的提高。网络只能作为辅助教学手段引入课堂。文化传播还是要以人为本，鼓励学生之间进行交流，促进人际关系的融洽，同时提高自身的口语水平。②在写作文和说话时，除了吸收网络英语新词汇和新表达方式之外，还要尽量使用规范英语。

第六章　批判性思维下的高校英语教学路径研究

第一节　批判性思维理论与研究现状综述

一、思维理论研究现状及成因

（一）我国学生批判性思维的现状

中国学生的批判性思维能力较弱，独立思考问题的能力也有待提升，这种现状应该引起我们的深思。当前环境下，相关思维理论的更新和创新型人才的培养是中国教育事业发展的一道艰深命题，需要整个教育界乃至社会各界共同破解。

（二）我国学生批判性思维现状形成的主要原因

我国的各级各类教育机构，特别是高等学校培养出来的学生一般具有比较扎实的理论基础、比较完善的知识结构和比较强的考试能力。就这点来说，并不比其他任何国家的学生逊色，甚至是有过之而无不及。但部分学生身上却缺乏创新意识和创新能力，这使得他们步入社会后不能很好地适应日益激烈的社会竞争，不能满足国家对创新型人才的需求。学生的缺陷暴露出我国教育理念、教学模式和教育评价体系等方面存在需要改进的地方。我国传统的教育理念、教学模式和教育评价体系需要创新，否则将不利于创新型人才的培养。具体分析如下。[①]

1. 传统教育理念导致学生缺乏质疑和批判的能力

我国传统的非批判性思维的厚重文化和忽视批判性思维培养的教育模式限制了学生批判性思维的发展，在传统教育观念的影响下，学生对教师和教材都不敢质疑，只是一味地听从和跟随教师进行学习，思维变得机械刻板。如此教育的

① 曾小英．批判思维训练对创造性问题解决的影响 [D]. 重庆：西南大学，2016.

结果便是，学生在学校不愿也提不出问题，到了社会则没有自主性，更谈不上创新。因此，学校尤其是高等学校应该采用多种方法来提高高校学生的批判性思维，提高其认知水平、分析和总结能力，从而使他们能够在繁杂的信息中进行分析和评价，最终作出正确的判断，成为社会需要的人才。

2. 传统教学模式忽视了对学生创新精神的培养

传统教学模式以教师的主动讲授和学生的被动反应为主要特征，教师通常注重通过语言的讲述和行为的灌输来实现知识的传授，在教学过程中教师的主导地位倾向突出，而学生的主体地位却习惯性地被忽视。在这种教学模式下，课堂教学通常过于死板，课堂成为“一言堂”，学生的学习地位得不到充分的体现和尊重。即使他们在学习过程中有自己的看法，也通常不敢表达，长此以往，学生在学习的过程中没有任何思考地接受知识，并且形成了一种思维定式。学生在学习的过程中仅仅将理论知识储存在大脑中，没有形成个性化的思维方式。传统的教学模式忽视了学生学习的积极性、主动性和创造性的发挥，这种培养方式使得学生缺乏创新能力，缺乏创新精神。

二、批判性思维研究的意义

培养批判性思维是当代高校教学的重要使命。培育什么样的高校毕业生是全世界高等教育面临的重大问题。与此同时，联合国教科文组织明确提出，必须教育高校学生成为学识渊博且有远大抱负的公民，使其能够以批判精神思考和分析社会问题，寻求解决的办法。高校学生批判性思维培养无论是对整个社会的经济发展，还是对高校学生能力、个性的全面发展，抑或是对高校教育改革都具有十分重要的理论与实践意义。

（一）培养批判性思维是知识创新和培养高素质人才的关键

现代教育学认为，要使学生将来能够适宜于从事知识创新或科学研究工作，就必须使他们掌握一定数量的基本知识、基本方法或技能，也就是掌握各个学科的基本事实、问题、概念、范畴、原理和方法。近些年来，现代教育学的这种观念和信仰越来越多地受到后现代教育学的质疑。

后现代教育学认为，人类迄今为止没有获得任何一条不可置疑的知识，也没有任何一条知识可以成为今后知识增长的稳固基础。

知识的增长不是一种积累式的新知叠旧知的过程，而是一种对原有知识不断修正甚至全部抛弃的过程。对个体而言，掌握和理解原有的知识固然重要，但只完成了知识创新前一半的工作，更重要的是对这些知识进行批判和反驳，并在此基础上提出新的知识假设。没有这种批判和反驳的意识以及与之相关的素质和能力，个体就会陷入原有知识的陷阱中不能自拔，就会形成人云亦云的习惯，无法进行知识创新。

（二）批判性思维是帮助高校学生应对未来的定力

在这个知识爆炸的时代，那种简单地照搬过去经验而无创新的做法，已远远不能适应瞬息万变的社会发展。而批判性思维却能教会人们如何面对问题，并在问题的牵引下积极寻求各方面的证据，进行全面的权衡、对比，从而选择一个相对完善的行动方案，使充满风险、变数的未来在一定程度上处于人们的掌控之中，让人们拥有应对未来的定力。此外，在当前高速发展的信息社会，每个人都面临着无数信息选择，我们必须在无限的信息中选择对自己有用的信息，这就需要具备批判、选择和处理信息的能力。显然，批判性思维是鉴别和抵制网络时代各种腐朽知识的有力武器。信息只是一些无序的事实和材料，处理方式不同，形成的产品就不同，电脑不会使杂乱的信息变成思想。要获得知识，就必须对信息进行准确的、合乎目的的选择和取舍，否则就会陷入“信息无知”或“信息消化不良”的状态。能否有效地使用信息，关键在于人的素质，也就是人对信息的认知能力、敏感程度及开发利用能力。在现实生活中，如果离开了独立的批判性思维，就可能会被信息的汪洋大海淹没，被各种似是而非的解决方案迷惑。

（三）培养批判性思维是高校学生心理与个性发展的需要

心理发展是一种内化过程，是个体自主建构与价值引导之间的对立统一，批判性思维在其中具有重要的作用。个体内化是对社会文化的扬弃，并不是社会文化的完全翻版。个体并不是完全接受呈现的所有信息，而是批判地理解、吸收这些信息。个体注意什么、选择什么完全是在其原有经验的基础上由批判性思维能力决定的。教育要发展人的主体人格与多元个性，就不能强制灌输、千人一面，而要提供一个可能空间，让个体进行独立的判断与选择，形成个性。更为重要的是，教育的目的是不仅要使个体继承现有的文化，而且要能创造文化。要做到这一点，批判性思维是必不可少的素质，批判性思维也是培育独立自主人格的基础，和谐社会的建设和市场经济的完善急需具有独立自主人格之人的支撑。倘若社会公民偏听偏信，或者盲从偏执而缺乏审慎的思考与明智的判断，没有独立思考、自主判断的空间，社会建设与市场经济的完善将难以为继。而批判性思维就是提倡、培育人对各种观念的理性检验、分析与超越的意识与技能，从而进一步探求行动的根据，并把行动建立在理性思考之上。彼得·费希万说过：“民主社会持续发展的源泉就是批判性思维。”整个社会需要见识更广、思考更多的公民，这样我们的民主社会才会持久不衰，更加强盛。因此，高校教育的基本目标之一就是培养学生的批判性思维。

第二节　基于批判性思维的高校英语教学体系的构建

一、批判性思维研究的内容

批判性思维研究的内容主要涵盖三个部分：批判性思维理论的介绍和引进、批判性思维教学实践和批判性思维现状调查。

（一）批判性思维理论的介绍和引进

自20世纪80年代批判性思维研究在国内受到重视以来，学者们不仅对国外研究成果进行了归纳和总结，同时也结合国情探讨了其内涵和意义。这些研究不仅开阔了国内研究者的视野，也为后续的实证研究奠定了基础。有的学者提出批判性思维是指对所学的东西的真实性、精确性、性质与价值进行的个人判断，而其又可分为精神和智力两大要素；有的学者指出批判性思维具有反省性、科学性、原创性、实践性等特点。对于批判性思维倾向和批判性思维技能的构成要素也有学者给出了自己的看法。

（二）批判性思维教学实践研究

综述类文章数量增多的同时，相关的实证类研究数量也快速增长。在围绕批判性思维进行讨论的同时，学者开始对其与各学科的结合展开了实质性的研究。教育心理学界意识到批判性思维的重要性及其深远意义，侧重于批判性思维与各具体学科之间的相关性研究。因此，出现了批判性思维在逻辑学、教育学、心理学、英语教学、医学护理等各领域的作用及具体培养方式等的研究。[①]

（三）批判性思维现状调查

对英语类高校学生思维能力的教学研究主要包括以下几个方面：在英语阅读方面，发现批判性阅读、讨论式教学等方法有助于提高学生的批判性思维能力；在写作教学方面，一些具体的写作教学模式，如元认知策略支持下的合作写作模式、读写结合式写作教学模式、文献阅读与评价教学模式，都为培养批判性思维提供了有效的途径；在演讲、口语、辩论、翻译方面也有学者进行研究，如分析高校学生的英语演讲、英语口语与英语作文，将演讲辩论等口语训练活动用于批判性思维能力的培养、翻译教学中批判性思维的培养。这些学者在英语教学领域进行的相关研究，取得了一定的成果。

二、批判性思维研究在我国英语教学领域的特点

（一）理论研究偏多，具体实践操作相对较少

虽然批判性思维研究近年来呈现迅速发展的趋势，但绝大部分偏向思辨性，仍然处于理论探索和建构阶段，缺乏充裕的实证研究。相较于国外系统、科学、全面的批判性思维研究体系，国内研究相对缺乏，尤其是对于批判性思维培养方式、教材编制、课程设置的研究比较匮乏，急需完善。

（二）涉及课程较多，研究对象的类型偏少

通过对相关学术类文章进行检索发现，在英语和教育类核心期刊中，英语阅读教学、写作教学、口语教学、演讲教学、辩论教学、翻译教学等课程均有相关研究，但研究的对象绝大部分局限于英语专业的学生，只有极少数的研究是针对非英语专业学生的。这一现象不得不引起研究者的关注。因为在我国大多数高校中，即使是针对非英语专业的学生，也会开设很多的英语课程。那么，即使学生不是英语专业的学生，高校英语教师也应该有意识地在英语教学过程中对学生进行批判性思维的培养。因为人才的培养需要各个学科的共同努力，而思维的形成则是由多学科共同作用的结果。

① 卢群．论大学生批判思维到创新思维的实现 [D]. 长沙：湖南农业大学，2018.

（三）教学模式构建较多，具体实践操作较少

多数批判性思维策略研究停留在教学模式的构想阶段，具体实践操作并不多见。许多文献中都提到了英语教学需要重视批判性思维教学，但是关于具体如何操作，给出可供参考的成功案例与统计数据支持的则较少。同时，目前此领域涉及的少数实证研究只涉及有限的受试群体，样本量比较小。因此，这些研究的效果究竟如何，还有待大量的实证研究证实。产生这种状况的一个重要原因在于，批判性思维能力是一个难以衡量的概念，如何衡量主要取决于研究方法。要确保实证研究的科学性，需要厘清批判性思维以及相关概念，形成具有可操作性的定义及理论框架。我国批判性思维的测量和评价工具研究处于刚刚起步的阶段，短时期内还不具备进行大规模实证研究的条件。但是，教师如果注重在日常的教学中对学生进行批判性思维的培养，可以尝试采用多种评估方式相结合的模糊测评体系。

三、高校英语教学批判性思维模型的构建

（一）林崇德的三棱模型结构

林崇德用三棱结构，说明智力主要是人们在特定的物质环境和社会历史文化环境中，在自我监控的控制和指导下，在非认知因素的作用下，为了达到某种目的，识别问题、分析问题和解决问题所需要的思维能力。他认为一个思维结构有目的、有过程、有结果或材料，整个结构的成分由自我意识来监控和调节，并表现出各种思维品质。思维结构是一个智力因素与非智力因素交互作用的系统；思维结构是在实践活动中实现的，它要依赖一系列的客观条件，并逐步通过内化和结构内部的动力作用获得发展。由此可见，如果单纯分析思维结构的具体成分，可以将思维结构看成静态的；但从思维结构成分的内在关系和联系上来说，从思维结构的发展来说，这个结构是动态的。思维结构正是这种静态结构和动态结构的统一。

从林崇德的三棱模型结构可以得出其包括六种因素：思维目的、思维过程、思维材料、思维自我监控、思维品质、思维中的认知与非认知因素。该模型的一个特点是静态和动态的统一，优点是将自我调节置于顶部，具有统管全局的能力。换言之，这个能力是元思维能力，应该置于其他因素的上一个层次。相

对于国外的单维模型和双维模型，三元模型有了一定的改变，尤其强调人的自我调节和反思能力的重要性。人的自我调节能力包括计划、检验、调节、管理与监控认知能力，对非认知因素也起着同样的作用。

（二）文秋芳的层级模型结构

文秋芳在借鉴双维模型、三元模型与三棱模型的基础上提出了层级模型。她基本采用了双维模型的框架，同时将三元模型中的标准以及三棱模型中对自我调节的全局作用的认定融入了层级模型的理论框架。层级模型主张将思辨能力细化为两个层次：元思辨能力和思辨能力。第一层次元思辨能力是指对自己的思辨计划检查、调整与评估的技能；第二层次思辨能力包括与认知相关的技能和标准以及与思辨品质相关的情感特质。处于第二层次的思辨能力受第一层次元思辨能力的管理与监控，将这两种思辨能力置于上下层关系，目的是突出思辨者的主观能动性在思辨能力中的主导作用。层级模型的基本框架借用的是双维模型的框架，但在认知维度上增加了三元模型中的“标准”。

文秋芳在层级模型中界定了三项核心技能：分析技能、推理技能与评价技能。分析技能包括归类、识别、比较、澄清、区分、阐释等分项技能，推理技能包括质疑、假设、推论、阐述、论证等分项技能，评价技能是指对假定、论证过程、结论等的评判技能。该模型将三元结构模型中的十条标准精简为五条。这五条认知标准包括精晰性、相关性、逻辑性、深刻性与灵活性。精晰性即指思辨应清晰与精确；相关性即指思辨内容应与主题密切相关，详略得当、主次分明；逻辑性即指思辨应条理清楚，说理有根有据，具有说服力；深刻性是指思辨活动具有广度与深度；灵活性则要求能够娴熟、恰当地变换角度思考问题。

第七章　高校英语教学的发展

第一节　建构个性化高校英语教学模式

一、个性化教学模式

高校英语课程设置要有利于学生个性化的学习，充分考虑学生入学水平以及所面临的社会需求等的差异，要制定科学、系统、个性化的高校英语教学大纲，朝着个性化（individual learning）和自主学习（autonomous learning）的方向发展，要能够使学生选择适合自己需要的材料和方法进行学习，总的来说，就是个性化地学习，以满足他们（学生）各自不同专业的发展需要。

二、个性化与自主性结合

individuality（个性化）和 autonomy（自主性），两个词的基本词义中有“个”和“自”，似乎是异曲同工，但我们理解个性化是指一个人比较固定的与众不同的个性，而自主性则是指一个人独立地与他人无关的自主，两者在各自的语义系统中显然还是属于不同的概念。

个性化教育是为了满足每个独特的个体的发展需要，使其个性潜力得到充分、全面、和谐发展的教育。个性化的学习应该是建立在基本学习方法之上的更适合个体学习特点，有利于专业方向、个性发展的方法。个性化模式依据高校学生的个性特点、智力结构特征，以个别差异为出发点，以学习者的兴趣与需要为中心，以学生学习能力与个性发展为最大目标，并在学校常规教育的基础上以学生知识库的构建、个性化学习资料的呈现和自主性学习安排为着力点，进行富有个性特征的培养。

自主性学习也包括了确定学习目标、内容、速度、方式以及对学习过程的监控与评价，但是 Holec 认为自主性学习有两个前提：①学生有选择和决定自己学习的权利；②有一个适合自主性学习的环境并能对自己的决定承担责任。

然而这些都需要摆脱教学常规管理和教师的指导，学生个体在自我管理的情况下对自己的学习承担责任。显然目前的高校学生还没有这个权利，承担责任更无从谈起。学生无论是个性发展还是自主能力的培养，都受到外部客观世界的激励与制约。如果高校学生完全“独立地自我管理、指导”，那么教师的作用、教学的环境就没有存在的必要了。如果高校学生没有个性特长，就不能满足社会各行业对专门人才的需求。

因此，自主性学习可以看作一个违背教育常规的社会过程，一种在知识构建过程中的权力再分配和在学习过程中参与者角色的再分配，是排除教师作用的一种学习方法。有学者认为，不能把自主学习看成新的教学方法，而是学习者把握自己学习的能力。具有自主性的人是客观环境的支配者和控制者，而个性化的内涵是具有独立人格的个体，所以自主性和个性化有本质的区别，前者是学习的手段和过程，充分体现出个体自主性学习的能力；后者是学习的目标和结果，体现出个体专业选择和职业发展方向。而个性化发展需要增强自主性学习的能力，更需要有符合个性化发展的教学环境、课程设置与教师指导。

三、以人为本的个性化

高校阶段的英语教学要求分为三个层次，即一般要求、较高要求和更高要求，三个层次的语言技能分别从听、说、读、写、译五方面表现出来。这充分考虑到学生英语实际水平、个性发展、社会需求等不尽相同，以及注意到人与人个性具有差异性。这些充分体现出以人为本的时代精神，旨在创建和谐的教学环境。[①]

（一）差异性

个体差异的产生可能有各种各样的原因：①意志、个性、专业、兴趣等许多个性心理品质以及非智能方面的差异是主要原因，而这种非量化指标对学生的智能活动的影响在目前的高校英语教学中往往被忽视；②高校英语教学涉及不同的语言技能，技能需求的差异必须反映在每个学生英语知识的个人建构上；③学习评价通常是系统化的，但由于每个学生的学习目标不同、能力各异，就表现出

① 马琴．大学英语个性化教学研究 [D]. 重庆：西南大学，2017.

自我评价方面的差异。学生因此会表现出“按需所学”或“各取所需”意愿，他们会对统一的教材、同一个教师、千篇一律的教学方式、不变的学习时间和地点“不屑一顾”。

（二）独创性

独创性是个性化的充分体现，具体表现为以下几点：一是有个性发展的学生会主动参与整个学习的过程，了解常规的教学内容、教学手段和学习方式，并从中选择符合实际的、能满足个人学习需求的方式；二是有敏锐的洞察力、独创的分析问题和解决问题的能力，对教学常规持分析和批判的态度，善于“删除”高校英语教学中对个体不合适的或难以顺应教学要求的内容，通过自主性学习来弥补，而不是“随波逐流”、任凭教师摆布，从而体现出个人的创新能力。

（三）协商性

知识是个体与他人经由协商并达成一致的社会建构，个体主动建构知识不代表可以任意建构，需要经过人际交往的社会过程才能转化为有可能的客观知识，这一过程不可避免地受到社会文化因素的影响。有的学生并不清楚自己的特点和自身学习的需求，这样，自主性就无益于将来的发展。教师要随时观察他们的学习情况，针对学生的个性特点，挖掘个体学习潜能，判定学习者的学习倾向，帮助他们发挥个人的创造性，把个性与社会发展的统一要求转化为每一个学生的主观内在动力。

提倡高校英语教学个性化是因为学习个体有个性发展的实际需要和内在动力，国家建设需要个性化人才，而高校英语教学就是要为这种需求和动力增加“滑润剂”，使其运作得更加自如，使学生的个性发展更加全面，使他们的英语学习与个人成长、职业规划和社会需求协调发展。

长期以来，高校英语教学一直重视统一的教学管理、共同的教学大纲、不变的教学手段、全国性的水平测试（CET4、CET6）等大众教育和共同手段，却忽视了业已存在的学生个体的种种差异，阻碍了学生的个性发展，削弱了个人独创性。教师面对的并非需求一致、学习目的相同、个性发展一致、职业规划明确、各种教学方式都适应的学生。

四、个性化课堂中教师的任务

高校英语教学要体现学生在教学过程中的主体地位和教师在教学过程中的主导作用。显然教师还是教与学过程的组织者和指导者，不能撒手不管，放任学生自学。教师除了传授知识外，还要把育人机制、培养方案和个性发展有机地贯穿于教学之中，注入有限的课堂教学中。这对传统的教学模式提出了新挑战，目的就是要构建和发展相配套的个性化教学模式。以下因素必须考虑其中。

（一）个性发展与目标定位

为了适合职业规划，增加一技之长，非英语专业的学生都是把高校英语当作“工具”来学习的，将来是否需要英语这一“工具”、这种“工具”能用到什么程度取决于个人的兴趣、社会角色和职业定位。教师确实需要强调听、说、读、写、译五项技能，但绝不能强求统一，绝不能和个人发展与社会的需求相脱节。如果学生的个性发展需求得不到满足，学习的主体作用得不到发挥，这样的教学就是无效的。教师要帮助学生分析自我、树立自信，制定适合学生个人的学习目标。在实施适合个性化学习的计划和方案时，既要保证学生在整个大学期间英语语言水平得到提高，又要有利于满足他们各自不同专业和未来职业的需要。

（二）教学手段与教学资源

高校英语教学要有利于调动教师和学生两方面的积极性，这就要求教师要创新教学手段，允许多样化资源利用。我们需要探索怎样满足学生的个人需求，并根据学生的个人语言能力和兴趣，开设不同的课程，运用不同的教材，采用不同的学习模式，体现英语教学的实用性、知识性和趣味性，让学生灵活选择，调动他们的学习积极性。教师应该和学生协商共建适应个性化学习的策略，尤其要注意成功学习者与不成功学习者在策略使用方面的差异，在教学中尽可能提供翻译式、启发式、讨论式、抛锚式、支架式、交际式、研究式、自主式等多种策略。学生在选择教师、课程的同时，还可以选择各种文本、声音、图像以及互联网信息资源，完善个性化学习环境。

（三）自主学习与合作学习

目前，部分高校英语教师“演独角戏”的局面还未改变，学生听教师讲似乎是天经地义的，各种互动活动较为缺乏。问题还在于课堂教学有较多的行政纪律规范，师生都有约束感。知识的建构需要借助教师的帮助、情景的配合，通过同学之间的合作、讨论、交流、互动和必要的信息资源主动建构。因此，知识的传递不局限于师生之间的互动，而是推延至学生之间的互动、新旧知识和经验的互动。学生应当相互交流、取长补短，教师也应参与其中，适时启发学生，使学生在互相促进中共同提高，逐步提高符合个性发展的自主学习能力。

（四）学生自评与教学评估

高校英语课程的评估既有利于改进教学管理、保证教学质量，又有利于学生调整学习策略、改进学习方法、提高学习效率。其包括师生两方面的评估。目前高校教学评价普遍存在两种现象。

第一，学生怕教师“纸质型”考试这个传统的法宝，为了获得相应的学分、避免重修、保住奖学金而机械地、短时地突击记忆应付考试。

第二，教师怕学生的“个性化评教”这个新生事物，评教的过程掺杂着学生较多的个性发展的个别因素，非英语专业的学生特别表现出个体对高校英语学习需求的千姿百态，这使得教师在教学中处于尴尬的境地。

个性化模式应该有配套的个性化评价手段，因此，有关细则对教师的评估不能仅仅依据学生的考试成绩，而应全面考核教师的教学态度、教学手段、教学方法、教学内容、教学组织和教学效果等。

（五）个性化教学有利于个性化人才培养

个性化体现出个性发展、职业规划和社会需求相结合，是符合当前知识经济、和谐社会需要的较高要求的教学模式。个性化在教育理念上是对自主性的修正，不是排除自主性，目的是使学生既有个性特长又有自学能力。因为教学模式改革成功的一个重要标志就是学生个性化学习方法的形成和学生自主学习能力的发展。学生需要利用语言学习自主性的优势，但更需要富有个性化的方向。

个性化模式避免教学过程中的“一刀切”现象，这给高校英语课堂教学、常规教学管理、课程设置、教材选用、评价手段等留出了改革的空间。从事高校英语教学的教师要以相关细则为“纲”，探索并投入高校英语教学改革的主旋律，积极为学生营造有利于其个性发展的学习环境，积极为社会培养懂专业、职业规划明确又掌握一定英语的新型实用人才。

第二节　课堂教学与网络教学相结合的教学模式

英语是一门国际通用的语言，社会和经济的快速发展对人才英语应用技能的要求越来越高。作为我国教育体系中重要的组成部分，英语也是高校非英语专业的必修课程，受到广泛的重视。随着高等教育的进步、高校学生数量的快速增加，很多高校在教学资源的建设方面无法与之相适应，这对于高校英语教学的质量产生了重要的影响。另外，受到传统教学体制的影响，很多高校的英语教学仍然采用传统的教学方式，单一的教学模式、落后的评价体系使得学生的积极性和主动性都受到较大的影响。

近些年来，信息技术的发展为高校英语课堂教学的有效开展提供了更多的技术支撑，在新课改精神的指导下，网络教学逐渐受到重视。将其与传统的课堂教学结合，能显著提高高校英语教学质量，促进教学资源的优化。①

一、高校英语教学的现状

目前，在我国高校英语教学的实践过程中，高校学生数量多、教学资源短缺的现象较为普遍，大部分高校都采用传统的大班教学方式，这对于教学效果自然会产生一定的影响。另外，由于广泛应用传统的教学模式，教师讲、学生听，单方面的知识灌输过程无法有效培养学生的学习兴趣，久而久之，学生的积极性和主动性也就逐渐消退，学生的主体地位无法得到充分的体现。因此也可以说，大班教学的模式是影响英语教学效率的一个主要因素。

长期以来，我国在高校教学模式上都受传统教学模式的支配，随着新课改的深化，在教学观念和教学方法上有了一些创新，但是学生的积极性始终没有得到充分的调动，主要体现在两个方面。

第一，大部分英语教师的观念仍然停留在传统的课堂教学模式上，他们认为英语的学习过程就是知识的传递过程，学生是知识的被动接受者。

第二，传统的高校英语课堂中，主要包括讲解（presentation）、操练（practice）

① 何芃悦. 基于翻转课堂的英语视听说网络教学研究 [J]. 绥化学院学报，2022，42（2）：126-127，130.

和输出（production）三个基本环节，教学目标和教学内容都是由教师来确定的，他们根据教学大纲的要求，以教材为依据，制定教学方案。教师的讲解任务繁重，但是效果并不理想。

基于上述分析，我们必须对传统的教学方式和手段进行全面的创新，才能促进高校英语教学质量的有效提升。

二、高校英语网络教学的特点

网络教学的可行性和科学性。网络教学模式以认知理论和建构主义理论为基础，在网络英语教学模式下，学生是认知过程的主体。该模式并不是由学生直接对教学信息进行加工，而是通过学生的主动探索，实现对知识的搜集与整理，并且将其作为提高学生学习效率的主要手段，在传递信息的同时为学生创造切实可行的个性化学习环境，使学生在教师的引导下，通过自主学习获取知识。

信息种类繁多。教学资源是影响英语教学效果的主要因素，包括题库、教材、多媒体课件等。网络教学模式能够将传统的教学资源转换为音频、视频、数据库等文件，也可以根据教学的需要对信息进行重组和规划。丰富的信息种类为网络教学的开展提供了足够的教学资源，也为教学活动的开展提供了更多可用的信息。

教学过程中教学经验和素材积累丰富。通过英语网络教学活动，教师与学生都能够获得各式各样的教学经验和教学素材。学生在课堂中对问题的回馈不仅可以作为传统英语课堂的教学素材，也可以作为今后英语网络教学的参考。随着英语网络课程的开展，教师与学生在教学活动中积累的教学和学习经验及素材能够分享给下届师生使用，并逐渐形成良性循环。

三、影响高校英语网络教学的因素

网络教学平台的建设。网络教学平台的建设是影响网络教学开展的主要因素，网络平台建设的成果直接关系到教学活动的顺利开展。如果平台建设得过于复杂，则不利于初学者操作；如果平台界面过于花哨，则会影响学生的注意力；如果平台界面不够友好，则不利于学生的个性化发展。因此，必须根据教学活动的要求，构建科学的网络平台，保证教学活动的顺利开展。

教师的教学水平。网络教学模式的开展对教师的教学水平提出了更高的要求，教师不仅要具备传播知识的能力，同时要掌握信息处理技术，能够将网络教学模式与传统的教学有机结合，根据网络教学的要求，对教学活动进行重新设计，把握课堂教学的节奏，与学生进行更多的沟通和交流，实现教学效率的提升。

学生素质。在网络英语教学中，学生的自主学习能力是十分重要的，如果学生的自主学习能力不强，则无法通过网络教学模式获得显著的学习成果。网络教学模式为学生的自主学习提供了充足的空间，使学生可以通过网络技术实现对学习内容与过程的自主选择，所以更注重学生获取知识和处理信息的能力。

四、高校英语网络教学与课堂教学的实践结合

网络小组讨论与传统大班教学模式相结合的实践探索始于高校扩招以后学生数量的激增，虽然解决了场地和经费的问题，但是在授课的过程中存在很多其他的问题，这也是导致部分高校英语教学质量不高的一个重要因素。

因为在大班教学模式下，教师无法与学生进行充分的沟通，对于学生英语交际能力的培养更是无法实现。但是，在现有的条件下，并不能完全取消大班教学模式，这就需要引入网络教学模式，将其与传统的课堂教学模式结合，在传统的讲授过程中充分运用信息技术，引入小组讨论模式，使学生能够通过小组学习提高问题的分析能力和解决能力，这也有助于激发学生的积极性，使他们积极地参与到课堂的学习中，提高学习效率。

网络自主学习与课堂集中教学相结合。网络自主学习方式是一种能够充分体现信息多样化特点的教学模式，将其与传统的课堂教学结合，能够更加有效地体现课堂教学的互动性，从而促进课堂教学优势的充分发挥。同时，网络自主学习与课堂集中教学相结合的方式，能够达到取长补短的效果，使学生在接收教师传输的知识的同时，通过自主学习加强对知识的理解和记忆，从而促进学生自主学习能力的提升。

网络教学资源与课堂教学资源相结合。在以往的课堂教学中，运用多媒体技术需要通过制作教学课件等辅助教学，课件的制作需要花费较多的时间，而且在应用方面效果也并不显著。在网络教学中，可以充分利用网络资源，利用互联网这个信息平台。将网络资源引入课堂中直接进行播放，不仅能够节约课件的准备时间，而且也有利于获取最新的教学资源，更显著地吸引学生的注意力。另外，

教师可以根据教学内容，整理出相应的学习方法在网络平台上进行分享，以此来帮助学生提高学习效率。

精读听力网络化与口语语音学习传统化相结合。精读听力在网络教学中有着十分重要的作用，其具有充足的听力资源和文本资源，能够为学生反复练习提供足够的资源。精读听力网络化与口语语音学习传统化的有效结合，能够充分发挥网络教学的辅助作用，消除传统教学模式中时空分离的影响，突破硬件的局限，为教师与学生之间、学生与学生之间的沟通创造更大的平台，实现双方的双向交流。在这种情况下，学生可以通过精读听力网络化创设相应的情境，使学生在听力和口语语音的学习方面取得较大的突破。

综上所述，信息技术的快速发展促进了现代教育教学手段的不断更新，也对新时期高校教学质量提出更高的要求。在新课程改革不断深化的大背景下，高校英语教学要对信息技术进行科学的运用，将网络教学与传统的课堂教学有机结合，在充分尊重学生主体地位的基础上，将以往的被动接受转变为主动探究，积极引导学生参与到课堂学习中，激发学习兴趣，提高学生学习英语的积极性和主动性，从而更有效地提升学生的英语技能。

第三节 “互联网 +”背景下的高校英语教学变革与创新

早在 20 世纪 80 年代，录音机等设备就已经运用到高校英语的教学当中。后来，我国的各大高校普及了计算机和网络技术，多元化、丰富的资源为高校英语课堂拓展了新的空间。如今，“互联网 +”的时代已经到来，尤其是移动终端如手机的发展和变革，极大地改变了高校学生的学习和生活方式。所以，在“互联网 +”的背景下，高校英语教师应顺应时代发展，转变教育思路，积极探索适合目前高校学生需求的教育新模式，以达到更好的教学效果。

一、“互联网 +”时代高校英语教学面临的挑战

“互联网 +”时代在为高校英语教育带来全新理念的同时，也为教学资源、教学方式、教学反馈等方面也带来了诸多困难和挑战。如何有效利用互联网这把

双刃剑，是高校英语教育工作者应该思考的。

（一）海量的互联网信息利弊皆有

在“互联网 +”时代，高校学生真正成为“移动一族”，几乎可以不受时间地点的限制获取更多、更新的信息，学习生活范围无限扩大。但是我们也应该看到，部分高校学生自主学习能力较差，互联网时代让他们有限的精力更多地分散在与学习无关的海量信息中，在课堂上低头玩手机的现象时有发生。在传统课堂中，部分学生虽然主动性不强，但迫于老师的“威严”，还是接收了很多知识。但在网络平台等互联网学习模式下，这部分学生就容易“放任自流”，他们的学习时间更加“碎片化”，学习效果差强人意。英语作为一门语言学习，必须有大量的时间进行系统性的练习，如何甄别选择信息、将相关知识和扩充的信息结合起来，需要老师和学生的不断摸索。①

（二）对教学手段和教学技能提出挑战

传统英语课堂中，是以教师的“教”和学生的“学”为模式，学生大多数时候是被动的。但在互联网时代，微课、慕课、翻转课堂等全新方式被越来越多地运用到高校英语教学当中，要求学生课外按照教师准备的教学视频、知识点进行大量的自主学习，而在课堂上则要改变教师和学生的主被动模式，通过生生交流、师生交流实现互动式教学。这就需要教师和学生借助现代教学手段完成角色和定位的转变。在具体实施过程中，往往涉及多种技术的运用，例如翻转课堂就要求教师能制作高水准的教学视频。但是目前多数的高校英语教师教学任务繁重、科研压力较大，不具备相应的教学技能，进行课程改革和创新的能力与时间明显不足，这也限制了互联网在教学中发挥作用的广度和深度。

（三）高校硬件、教材等资源比较滞后

尽管语音教室、电脑等设备在高校中已经普及，但利用率不高，利用效果也不佳，最多也就是在课堂上由部分同学进行有限的听说练习，播放一些英文短片等，与互联网时代要求的互动式教学所应具备的硬件条件还有较大的差距。另外，目前部分高校使用的英语教材仍然是原来的一套，学生也仍然是死记硬背教

① 杜泽兵．“互联网 +”背景下的高校英语教学策略 [J]. 山西财经大学学报，2022，44（S1）：187–189.

材上的单词句型，缺乏学习兴趣，与互联网更是毫不沾边。教材中体现的思想、教学目标、教材选材内容与练习方法对语言材料和教学活动的效果起着至关重要的作用，需要我们广大高校英语的教育工作者有实验性和前瞻性地进行教材改革，以适应时代的发展。

二、“互联网 +”背景下的高校英语改革思路

目前多媒体技术已经融合进高校英语的课堂，例如语音教室、教学电脑的使用等。在教学中，师生之间也经常利用微博、QQ、微信等方式进行阅读扩展、外文背诵、翻译练习等。但从根本上来说，这只是利用互联网扩充了英语教学的资源和手段，增强了学习的趣味性和便捷性，并不是真正意义上的“互联网 +”的教学模式。高校英语的教学还是如以前一样：过于重视语法和阅读，听力和口语环境缺乏，围绕 CET4 级进行测试教学，学生学习英语缺乏积极性等。真正的“互联网 +”教育应该是一种充分利用信息技术、区别于传统模式的互动式教学，在高校英语教学的词汇、听说等方面大有可为。

（一）“互联网 +”背景下高校英语词汇教学的改革

英语词汇是高校英语学习中最基础的部分，在大学阶段对词汇量的要求较高。尽管老师和学生都在词汇环节投入了大量的时间和精力，但由于学生基础差别较大、教学方法陈旧，学生对词汇的掌握情况不尽如人意。

在词汇学习中，笔者认为移动智能设备如智能手机、平板电脑在这一领域大有作为。目前，高校学生移动智能设备的拥有率近乎为 100%，这些设备都能快速接入互联网，而且具有独立的操作系统。大量智能化的第三方软件涌现，也为高校英语词汇的学习奠定了软件基础。教师可以选择合适的学习平台，帮助学生制订学习计划，让学生不受时间地点的限制，灵活地进行学习。有条件的高校根据自身的实际情况还可以开发英语词汇学习的 App，帮助学生更好地掌握英语词汇。

必须指出的是，运用移动智能设备进行英语词汇的学习要注意以下几个问题：第一，要重视软件的甄别。目前，可供选择的教学 App 比比皆是。笔者在某款手机的“应用商店”中以“英语词汇”为关键词进行搜索，发现大学阶段适用的 App 就达 50 余款。这些软件虽然有共同之处，但也存在巨大差异。因此教师要选择系统性强、适合高校学生的学习平台，并精心设计学习环节。第二，要

注重学习效果的反馈。利用移动智能设备进行词汇学习并不是放弃传统课堂的功能。相反，传统课堂需重新定位，在课堂上完成课外学习情况的反馈。通过设计任务、完成试卷等方式，检查学生的学习情况，及时发现问题。第三，借助网络平台建立科学适宜的学习评价体系，为教学活动的开展和结论提供参考依据，也让学生更全面地了解自己的学习态势。这样，教师才能将课内外有机地结合起来，达到更好的学习效果。

（二）“互联网 +”背景下高校英语听说教学的改革

英语听说一直是我国高校学生的软肋，长期以来过于重视语法、阅读、作文等的练习，造成很多学生对于这门语言“张不开嘴”，听说能力低下。英语听说的教学主要依赖于情境教学，传统课堂的情境是通过文字来构建的。而在互联网中，丰富的语言、视频内容可以作为很好的教学素材，而且与词汇学习一样，移动终端将学生从语音教室、教学电脑中“解放”出来，可以随时随地接受语言的学习熏陶。一方面，可以利用互联网进行英语听力的培养。目前，互联网中有大量的英语听力素材。教师要根据相关知识点指导学生选择合适的材料进行听力的练习，如日常会话、情景模拟、英文影视歌曲等，注意剔除互联网中的不良信息，通过优质信息提高学生的听力水平。另一方面，可以利用互联网进行英语口语的培养。通过互动平台与世界各地说英文的人进行多样化、常态化的交流，了解英语的用语习惯，通过提高接触水平练习口语，做到敢说、能说、说好。另外，师生之间在课外也可以通过互联网组织讨论、演讲、测试等，扩大师生交流的空间。

新技术、新手段的运用为教学改革带来了前所未有的机遇和挑战，尤其在互联网技术日新月异的今天，需要召唤有实验精神的教师和学生迎接教育探究的浪潮，拓展学习的空间。

高校英语是大学阶段的重要课程，目前大多数高校都开设了长达两个学年、每学期 4 ~ 6 个学分的英语课程，涉及除英语专业外的其他各个专业，学生的英语基础千差万别。高校英语作为一门语言课程，应用性极强，需要长期系统性的学习和训练。互联网为高校英语的教学开辟了全新的视野，教师和学生都应该有充分的心理和技能准备，不断在教和学的技能、教学手段等方面提高自己的认知与实践水平。

参 考 文 献

[1] 曾小英 . 批判思维训练对创造性问题解决的影响 [D]. 重庆：西南大学，2016.

[2] 刁佳琪 . 大学英语写作教学探索：过程导向的项目式写作教学 [J]. 海外英语，2022（6）：97–98.

[3] 董祥飞，韩立群 . 高校多媒体教学现状及提高多媒体教学质量的策略 [J]. 产业与科技论坛，2021，20（22）：117–118.

[4] 杜泽兵 ."互联网 +"背景下的高校英语教学策略 [J]. 山西财经大学学报，2022，44（S1）：187–189.

[5] 耿晓娜 . 多元文化背景下高校英语教学改革研究 [J]. 江西电力职业技术学院学报，2021，34（12）：80–81.

[6] 何芃悦 . 基于翻转课堂的英语视听说网络教学研究 [J]. 绥化学院学报，2022，42（2）：126–127，130.

[7] 黄蕾 . 多元文化视角下大学英语教育教学创新 [J]. 科学咨询（教育科研），2021（11）：43–45.

[8] 李勇 . 基于多元文化视角的高校英语教育教学分析 [J]. 陕西教育（高教），2021（8）：43–44.

[9] 梁丽 . 多模态话语分析视角下的大学英语教学模式研究 [D]. 沈阳：沈阳师范大学，2016.

[10] 刘馨椁 . 探究跨文化传播下的大学英语教学有效模式 [J]. 英语广场，2020（24）：33–35.

[11] 卢群 . 论大学生批判思维到创新思维的实现 [D]. 长沙：湖南农业大学，2018.

[12] 马琴 . 大学英语个性化教学研究 [D]. 重庆：西南大学，2017.

[13] 庞若雯 . 大学英语分级教学的管理问题及优化路径探究 [D]. 上海：上海师范大学，2019.

[14] 汤闻励，温家仪，徐玲 . 汉语对英语词汇学习迁移的影响因素分析 [J]. 广东技术师范大学学报，2021，42（5）：106–112.

[15] 王青 . 中国大学生英语交际意愿的动态变化研究 [D]. 镇江：江苏科技大学，2021.

[16] 王悦 . 英语专业硕士跨文化交际能力调查研究 [D]. 长春：吉林大学，2021.

[17] 武宏 . 关联理论视角下的大学英语翻译教学研究 [D]. 西安：西安工程大学，2016.

[18] 徐怀云 . 大学英语阅读与写作教学的相关因素探究 [J]. 兴义民族师范学院学报，2021（6）：101–105.

[19] 杨从洲 . 跨文化视角下中国文化的英语教学模型研究 [D]. 北京：华北电力大学，2020.

[20] 杨桦 . 大学英语教学目标定位及价值研究 [J]. 才智，2019（24）：165.

[21] 于姝媞 . 大学英语网络教学模式现状及未来发展趋势 [J]. 中外企业家，2018（29）：188.
[22] 张舒 . 大学英语听力词块教学的实证研究 [D]. 温州：温州大学，2017.
[23] 周若玮 . 基于主题进行跨文化英语教学的研究 [D]. 苏州：苏州大学，2018.
[24] 朱恒华，于蕾 . 大学英语口语有效教学策略探究 [J]. 海外英语，2022（35）：170–171.